디지털 대전환 시대 하이컨셉 디지털 리터러시

ChatGPT 인공지능 융합 교육법

저자 : 변문경, 박찬, 김병석, 전수연, 이지은

| 초판 1쇄 인쇄 | 2023년 2월 7일

| 초판 4쇄 발행 | 2023년 5월 10일

| 저　　　자 | 변문경, 박찬, 김병석, 전수연, 이지은

| 총 괄 기 획 | 변문경, 박찬

| 책 임 편 집 | 김현

| 디　자　인 | 김민철, 오지윤, 디자인 다인

| 인　　　쇄 | 영신사

| 종　　　이 | 세종페이퍼

| 홍　　　보 | 박정연

| IP　투　자 | ㈜메타유니버스 www.metauniverse.net

| 펴　낸　곳 | 스토리피아, ㈜메타유니버스

| 유　　　통 | 다빈치 Books

| 출 판 등 록 일 | 2021년 12월 4일

| 주　　　소 | 서울특별시 중구 청계천로 40, 14층 7호
　　　　　　　서울특별시 마포구 월드컵북로 375, 21층 7호

| 팩　　　스 | 0504-393-5042

| 전　　　화 | 070-4458-2890

| 출판 콘텐츠 및 강연 관련 문의 | moonlight@metauniverse.net

Contents

들어가며

    현재 인공지능 기술은 눈부신 속도로 발달하고 있습니다. 전자, 의료, 에너지, 자동차, 그리고 제조 분야까지 전 산업영역에 인공지능 기술이 융합되고 있습니다. 이전까지 인공지능 기술은 일반인에게 진입장벽이 높은 분야 중 하나였습니다. 그 이유는 일반인이 인공지능을 이해하고 사용하기 위한 필수 조건이 고등 수학적 사고와 코딩 능력이라고 인식되었기 때문입니다. 하지만 최근 공개된 OpenAI의 ChatGPT는 코딩이 필요 없는 대화형 인공지능입니다.

    OpenAI는 일론 머스크와 샘 알트먼이 2015년 12월 11일 인류에게 이익을 주는 것을 목표로 공동 설립한 인공지능 회사입니다. OpenAI는 ChatGPT를 발표하며 본격적으로 대화형 인공지능 시대를 열었습니다. 챗봇은 이미 우리에게 익숙한 소통 방식이어서 누구나 인공지능을 활용해 볼 수 있습니다. 누구든 인터넷이 되는 환경에서 ChatGPT에 로그인하고 자신이 익숙한 언어로 질문을 던집니다. 언어의 장벽 없이 모두가 대화형 인공지능을 사용할 수 있게 된 것입니다.

    ChatGPT는 이전의 포털 검색과는 근본적으로 다릅니다. 포털 검색은 사용자가 검색어를 입력하여 검색한 결과에서 다시 필요한 정보를 연이어 탐색해가는 방식이었습니다. 이때 지속적으로 필요한 능력은 정보 활용 능력입니다. 하지만 ChatGPT는 사용자의 질문에 바로바로 논리적인 답을 제공해줍니다. 얼마 전 ChatGPT로 판결문을 썼다는 판사도 등장했고, 의사 시험이나 로스쿨 시험 문제에 대한 전문적인 해답을 받을 수 있는 수준입니다.

더 놀라운 것은 ChatGPT와 다섯 번 이상의 관련된 대화를 나누고 나면, 사용자의 수준에 맞추어 답변한다는 사실입니다. 더 구체적으로 설명하면 ChatGPT는 질문에 대한 싱글턴(Single Turn)이 아닌 멀티턴(Multi Turn)의 대화가 가능하다는 장점을 가지고 있습니다. 멀티턴은 챗봇이 사용자에게 되물어 보면서 현재 어떤 대화를 어떤 수준에서 진행하고 있는지 맥락을 정확히 유지하는 방식을 말합니다. 예를 들어 우리가 챗봇과 대화할 때 자주 묻는 질문에 대해 준비된 답변을 반환한다면 이는 싱글턴입니다. 대부분의 챗봇은 현재 싱글턴이며, 우리가 정보를 검색하기 위해서 사용하는 일반적인 포털 검색도 엄밀히 말하면 수많은 정보를 한 번에 반환하는 싱글턴입니다.

하지만 ChatGPT가 멀티턴이 가능하다는 건 챗봇이 대화에서 오고 간 내용을 분석하면서 대화의 맥락을 파악하는 수준의 기술입니다. 따라서 ChatGPT는 개인 맞춤형으로 대화하고 사용자에게 적합한 피드백을 제공할 수 있습니다. 특별한 사전 설정 없이 대화를 유지하는 것만으로 사용자가 주로 쓰는 언어, 학력이나 인지 수준에 적합한 답변을 제공한다는 것은 매우 혁신적입니다.

이러한 멀티턴의 특성 때문에 ChatGPT는 이미 미국 대학생들에게 범용적으로 에세이나 보고서 작성에 활용되고 있어서 문제가 된 적도 있습니다. 물론 ChatGPT로 작성한 글인지를 확인하는 인공지능이 등장했고, OpenAI에서도 자체적으로 ChatGPT로 작성한 글인지 여부를 판별하는 서비스를 제공하게 되었지만, 현재

ChatGPT를 수업에 활용하겠다는 대학교수와 교사들이 폭발적으로 늘고 있습니다. 저자가 본 책을 쓰기 위해서 접속하는 과정에서도 ChatGPT가 수시로 다운되는 현상이 발생하고 있었습니다. 이는 사람들의 사용량이 비약적으로 증가하고 있다는 것을 보여줍니다. 현재 ChatGPT는 미국에서부터 유료 사용자를 위한 서비스를 시작했고, 그 외 지역에서 사용을 원하는 사람들의 사전 신청을 받고 있습니다. 신청 페이지에서 사용자는 ChatGPT를 어디에 어떻게 쓸 것인가 구체적으로 작성해야 합니다.

ChatGPT의 인기는 높아지고 있지만, ChatGPT를 발견한 학생이 모두 이를 사용하여 과제를 하고, 문제를 해결하는 것은 절대 아닙니다. 새로운 기술이 나와 확산되려면 사람들이 적응하고 익숙해지는 데는 어느 정도 시간이 걸립니다. 특히 ChatGPT는 구조화되고 잘 정의된 질문을 던져야 하는데, 의외로 질문을 던지는 것에 익숙하지 못한 사람도 많습니다. 또한 ChatGPT로 논문이나 보고서를 작성하기 위해서는 출처를 적어야 하는데, ChatGPT는 질문에 대한 답변을 제공해주지만, 출처를 제공하지 않습니다. 그 때문에 논문이나 보고서 작성에 활용하기 위해서는 출처를 찾기 위한 자료 수집 과정이 필요합니다.

사람은 누구나 새롭고 더 편리한 기술에 호기심을 느끼고 있지만, 받아들이는 속도와 방식의 개인차 또한 큽니다. 다만 한 가지 확실한 것은 ChatGPT는 사용자 맞춤형 스토리텔링이 가능하므로 이전보다 더 범용성과 보편성을 가지고 우리 생활, 특히 교육 분야에 빠르게 활용될 것이라는 점입니다. 인공지능이 전문지식을 학습하고 지식노동자의 일까지 대신해주는 시대를 맞아 개인의 창의적 문제 발견력과 해결력을 계발하도록 지원하는 교육혁신이 매우 시급한 상황입니다. 특히 인공지능 교육이라고 하면 코딩 교육과 수학 수업부터 시작했는데, ChatGPT를 활용한 교육을 어디서부터 어떻게 시작해야 할지 난감해하는 분들도 많습니다.

이에 본 책에서는 ChatGPT의 시대에 인공지능 교육 설계에 적합한 이론과 활용법을 압축하여 소개했습니다. 이번 ChatGPT의 등장이 인간이 가진 지적인 호기심, 상상력과 잠재력이 발휘되는 교육혁신의 서막이 열린 시기, 항상 교육을 위해 연구하시는 연구자들, 선생님들께 이 책이 도움이 되기를 진심으로 바랍니다.

변문경, 박찬, 김병석, 전수연, 이지은 드림

미래 교육 전문가를 위한 디지털 리터러시
하이컨셉 디지털 대전환 하이테크 시대

ChatGPT
인공지능 융합 교육법

인공지능 하이컨셉, 하이터치, 하이테크

대화형 인공지능
ChatGPT의 시대

1. ChatGPT는 하이컨셉 하이터치

2022년 중반까지만 해도 인공지능을 공부하려는 사람들에게 기본적으로 필요한 능력이 코딩과 고등 수학 능력이었습니다. 수학과 코딩을 잘하는 머리 좋은 이공계 인재들이 개발한 인공지능을 비전공자가 이해하고 활용하기는 쉽지 않았습니다. 따라서 중소기업이 인공지능을 기존의 서비스에 융합하는 일은 큰 비용을 투자해야 하는 부담스러운 도전이었습니다.

하지만 ChatGPT라는 대화형 인공지능이 등장하면서 코딩 기술이나 수학 능력보다는 논리적이고 창의적인 스토리텔링 능력의 중요성이 커지고 있습니다. 인공지능을 활용해서 어떤 서비스를 만들지에 대한 기획력, 일상생활에서 문제를 발견하고 효율적으로 해결하는 능력이 더 중요하게 된 것입니다. 특히 자기 분야의 전문성을 가지고 있는 사람들은 전문지식을 정리하여 활용하거나, 전문성을 신장시키려는 학습의 목적으로 대화형 인공지능을 활용하게 되었습니다.

<table>
<tr><td>Q&A
기존 지식을 기반으로 질문에 답하십시오.</td><td>문법 교정
문장을 표준 영어로 수정합니다.</td></tr>
<tr><td>2 학년을위한 요약
어려운 텍스트를 더 간단한 개념으로 변환합니...</td><td>자연어를 오픈AI API로 변환
자연어 명령을 사용하여 OpenAI API를 호출...</td></tr>
<tr><td>명령할 텍스트
텍스트를 프로그래밍 명령으로 변환합니다.</td><td>영어 다른 언어
영어 텍스트를 프랑스어, 스페인어 및 일본어...</td></tr>
<tr><td>스트라이프 API에 대한 자연어
자연어를 사용하여 Stripe API를 호출하는 코...</td><td>SQL 번역
자연어를 SQL 쿼리로 변환합니다.</td></tr>
<tr><td>구조화되지 않은 데이터 구문 분석
긴 형식의 텍스트에서 표 만들기</td><td>분류
예제를 통해 항목을 범주로 분류합니다.</td></tr>
<tr><td>파이썬에서 자연어로
인간이 이해할 수 있는 언어로 파이썬 코드를 ...</td><td>동영상을 이모티콘으로
영화 제목을 이모티콘으로 변환합니다.</td></tr>
<tr><td>시간 복잡도 계산
함수의 시간 복잡도를 구합니다.</td><td>프로그래밍 언어 번역
한 프로그래밍 언어에서 다른 프로그래밍 언어...</td></tr>
</table>

[그림 1-1] OpenAI ChatGPT API 서비스 목록

비교적 낮아진 진입장벽 때문에 OpenAI에서 공개한 대화형 인공지능 ChatGPT는 기존의 엔지니어들과 인공지능 개발 업계에 충격을 주고 있습니다. 현재 구글도 대화형 인공지능 출시 전 내부 테스트를 시작했다는 보도가 나오면서, 대화형 인공지능이 대세가 되었음을 실감하고 있습니다. 베타버전인 ChatGPT는 현재 무료로 사용할 수 있습니다. 향후 API 사용량에 따른 비용지불 방식으로 유료 서비스가 진행될 예정입니다. 사용자들은 월 적정한 비용 상한선도 설정할 수 있습니다. 아직 베타버전인데도 최근 OpenAI에서 서버에 부하가 심하다는 안내 메시지를 내보낼 정도로 ChatGPT의 인기는 대단합니다. 출시 2개월 만에 월 사용자 1억 명을 돌파했는데 이는 9개월이 걸렸던 틱톡, 30개월이 걸렸던 인스타그램보다 월등히 빠른 속도입니다.

[그림 1-2] API 사용에 대한 안내 페이지(출처: OpenAI)

ChatGPT는 한국어로도 충분히 대화할 수 있습니다. 하지만 한국어로 질문할 때 에러가 자주 발생하는 것은 사실입니다. 그래서 저자들은 네이버 파파고와 구글 번역기로 질문을 영어로 번역하여 대화를 시도합니다. 단 대답은 한국어로 해달라고 요청합니다. 이렇게 하면 ChatGPT는 영문으로 된 질문에 대한 답을 한국어로 제공합니다. ChatGPT를 교육용으로 활용할 때 영어번역과 코딩은 이미 오픈소스를 활용해서 해결할 수 있습니다. OpenAI의 ChatGPT 기술은 대화를 코딩으로 바꾸어 명령어를 처리하기 때문에 프로그래밍 언어(言語)를 배워야 한다는 일차적인 진입장벽은 허물어지게 되었습니다. 물론 더 고도의 인공지능 API를 사용할 때 코딩 능력이 필요하겠지만, 범용적으로 사용하는 대화형 인공지능에는 코딩이 필요하지 않습니다.

누구나 활용할 수 있도록 ChatGPT는 자연스럽게 인간처럼 느껴지는 대화방식으로 설계되어 있습니다. 인공지능 ChatGPT는 매우 정교하게 인간과 유사한 대화를 생성하며 인간처럼 시행착오를 거치며 성장하는 강화학습 중입니다. 매우 정교하게 자연어로 처리된 OpenAI의 ChatGPT는 사용자가 자연어로 질문하고 답변을 받을 수 있는 직관적인 대화형 인터페이스를 제공합니다. 어찌 보면 ChatGPT는 하이컨셉(high-concept) 기반 하이터치(high-touch) 산업의 대표적인 예라고 할 수 있겠습니다. 하이컨셉과 하이터치의 정의는 본 장의 후반부에서 좀 자세히 다루겠습니다.

ChatGPT에서 제공한 튜토리얼을 보면 양자 컴퓨팅을 간단한 용어로 설명하거나, 생일 파티를 위한 아이디어, 그리고 자바스크립트의 명령문 코딩까지 대신해 준다는 설명과 샘플도 볼 수 있습니다. 초등학생들이 ChatGPT에 여러 번 대화를 시도하면 이후 초등학생 수준의 대화가 가능하다는 장점도 있습니다. 카카오톡에 익숙한 우리가 카톡을 하듯 대화하면서 인공지능과 인간이 서로 지식도 쌓고, 서로에게 궁금한 사실들을 연이어 확인하며 학습할 수 있는 것입니다. 인공지능과 사용자가 지적 상호작용이 가능한 시스템이 ChatGPT라고 할 수 있으며, 사람이 많이 사용할수록 ChatGPT도 성장하는 시스템입니다.

이렇게 사용자와 상호 작용하는 ChatGPT는 지금 이 시각에도 계속 딥러닝하고 있습니다. 대화 형식을 통해 ChatGPT는 인간이 던지는 질문과 후속 질문에 계속해서 답하고, 그 과정에서 발생할 수 있는 실수를 사전에 발견하며, 질문에 대해 이해가 어려운 경우 사용자에게 질문을 던집니다. 또한 사용자가 제공한 질문에 포함된 잘못된 전제에 이의를 제기하고, 부적절한 요청들은 거부할 수도 있습니다. 이 시스템은 복잡한 쿼리를 이해할 수 있어서 사용자가 원하는 의미 있는 응답을 제공할 수 있습니다.

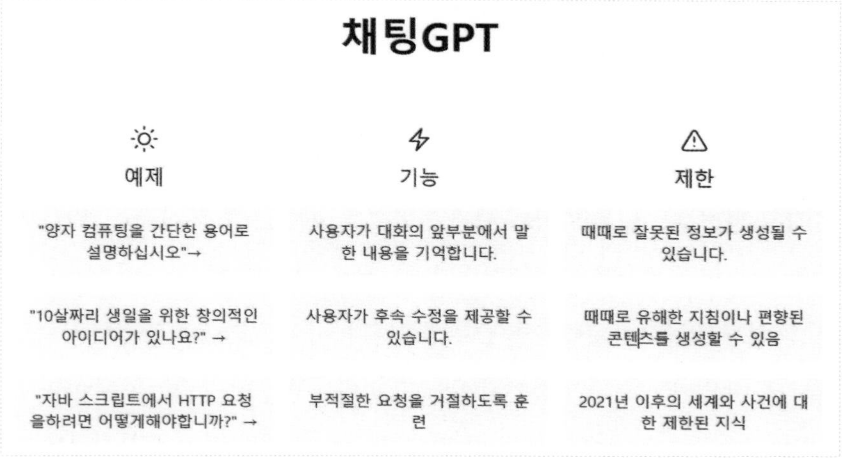

채팅GPT

☀️	⚡	⚠️
예제	기능	제한
"양자 컴퓨팅을 간단한 용어로 설명하십시오"→	사용자가 대화의 앞부분에서 말한 내용을 기억합니다.	때때로 잘못된 정보가 생성될 수 있습니다.
"10살짜리 생일을 위한 창의적인 아이디어가 있나요?" →	사용자가 후속 수정을 제공할 수 있습니다.	때때로 유해한 지침이나 편향된 콘텐츠를 생성할 수 있음
"자바 스크립트에서 HTTP 요청을 하려면 어떻게해야합니까?" →	부적절한 요청을 거절하도록 훈련	2021년 이후의 세계와 사건에 대한 제한된 지식

[그림 1-3] OpenAI ChatGPT의 주요 활용 기능과 제한점(출처: OpenAI)

    고객 서비스에 활용되는 챗봇이 과거에는 기존 기업이 가지고 있는 데이터를 기반으로 지도학습 방식으로 개발되었다면, 이제는 범용적인 데이터로 학습하여 더욱 넓은 스펙트럼에서 사용할 수 있습니다. 이미 우리 스마트폰 안에서 쓰이고 있는 가상 비서 및 자동화된 고객 지원 시스템 생성, 코딩, 자율주행과 같은 다양한 목적으로 ChatGPT를 사용할 수 있습니다. 또한 과거에는 고객 지원 챗봇 하나를 만드는데 큰 비용과 노력이 들었다면 지금은 ChatGPT API로 보유한 데이터베이스에서 데이터를 추출하여 서비스를 만들 수 있습니다. 아직 베타 서비스로 API 요청은 일부만 가능하지만, 곧 유료 API는 상용화될 것입니다.

2. 전문가의 일을 돕는 ChatGPT

　광범위한 데이터를 활용하다 보니 ChatGPT는 모든 기술 수준의 전문가가 가지고 있는 전문지식을 학습하고 그에 상응하는 수준 높은 대화를 만들 수 있습니다. 최근 ChatGPT로 판결문을 만든 판사의 사례도 있고, 이미 로스쿨 문제 풀이, 의사 시험에 합격하는 수준의 전문성을 보여주었습니다. ChatGPT는 코딩 고급 기술자가 수행하는 코드의 오류를 진단하는 성능을 갖추었습니다. 사실 고급 프로그래머의 숙련도는 코딩 결과물이 얼마나 오류가 적은지, 버그가 얼마나 발생하지 않는지에 따라 결정되었습니다. 그래서 같은 일이라도 고급 기술자를 쓰게 되면 기존에 사용하는 코드의 프레임워크를 이용하여 짧은 시간에 안정적으로 시스템 개발을 할 수 있었습니다. 따라서 고급 엔지니어들은 높은 연봉을 받고, 빠르고 안정적으로 프로그래밍을 하여 서비스를 구축할 수 있었습니다. 디버깅이 발견되면 오류를 수정하고, 빠르게 대처하는 일도 고급 기술자의 일이었습니다. 그런데 이제 고급 기술자가 수행한 코드의 오류를 진단하여 문제를 해결해주는 인공지능이 등장했다는 것은 엔지니어들에게는 충격이 아닐 수 없습니다. 다음 사례를 통해 ChatGPT가 엔지니어가 작성한 코드의 디버그 문제해결을 위해 엔지니어에게 오히려 더 명확한 질문을 한다는 사실을 알 수 있습니다.

사용자	이 코드가 예상대로 작동하지 않습니다. 어떻게 수정합니까?
| | ```go
resultWorkerErr := make(chan error)
defer close(resultWorkerErr)
go func() {
        defer cancel()
        resultWorkerErr <- b.resultWorker(ctx)
}()

err := b.worker(ctx)
cancel()
if err == nil {
        return <-resultWorkerErr
}
return multierror.Append(err, <-resultWorkerErr)
``` |
ChatGPT	더 많은 콘텍스트 없이 코드의 문제점을 말하기는 어렵습니다. 코드가 수행해야 하는 작업과 예상대로 작동하지 않는 작업에 대한 자세한 정보를 제공할 수 있습니까? 또한 이것은 전체 코드입니까, 아니면 일부입니까?
사용자	그것의 일부일 뿐입니다. 오류는 절대 표면화되지 않습니다. 채널에 문제가 있는 것 같아요.
ChatGPT	코드가 수행해야 하는 작업과 코드가 실행될 때 어떤 일이 발생하는지에 대한 추가 정보 없이는 말하기 어렵습니다. 제공한 코드의 한 가지 잠재적인 문제는 resultWorkerErr 채널이 닫히지 않는다는 것입니다. 즉, resultWorkerErr 채널에 기록되지 않으면 코드가 잠재적으로 중단될 수 있습니다. b.resultWorker가 오류를 반환하지 않거나 오류를 반환할 기회를 얻기 전에 취소되면 이런 일이 발생할 수 있습니다. 이 문제를 해결하려면 resultWorkerErr 채널에 쓴 후 채널을 닫을 수 있습니다. 예를 들어 채널에서 오류를 전송하는 줄 뒤에 다음 코드 줄을 추가할 수 있습니다. close(resultworkerErr). 이렇게 하면 오류를 반환하지 resultWorkerErr 않더라도 채널이 항상 닫힙니다. b.resultWorker 다시 한번 말씀드리지만, 현재 보고 있는 문제에 대한 추가 정보가 없으면 이것이 현재 겪고 있는 문제인지 말하기 어렵습니다. 코드를 실행할 때 어떤 일이 발생하는지에 대한 자세한 정보를 제공할 수 있습니까?

<표 1-1> OpenAI에서 제공하는 ChatGPT 사용 예시(출처: OpenAI)
```

3. ChatGPT의 제한점

ChatGPT와의 대화는 샘플에서는 매우 고도화된 듯 보이지만, 질문에 따라 부정확하거나 무의미한 답변을 반환하는 경우도 많이 보입니다. 하지만 이 순간에도 계속 딥러닝하면서 개선되고 있을 것입니다. ChatGPT가 기존의 정제된 학습 데이터에 기반하여 딥러닝한 결과를 반환하지만, 현재는 반환한 답변의 출처를 제공하지는 않습니다. ChatGPT가 출처를 알 수 없는 답을 하므로 답안에 대한 신뢰성을 보장할 수 없습니다. 하지만 이러한 한계점은 차차 극복될 것입니다. 따라서 곧 보완될 ChatGPT의 현재 문제점들을 본 책에서 추측하여 다루는 것은 불필요한 논의 같습니다. 오히려 ChatGPT를 어디에 사용할지 탐색해 보는 것이 효율적인 작업입니다.

이미 많은 연구자는 보고서나 논문의 출처를 빠르게 검색하는 용도로 구글 스칼라나 국내에서는 카피체커와 같은 표절 검사 도구를 사용하고 있습니다. 구글 스칼라의 등장은 연구자들이 선행연구를 분석하고 레퍼런스를 정리하는 시간을 혁신적으로 단축하면서 더 효율적인 연구가 가능하도록 기여하고 있습니다. 연구자들이 구글 스칼라를 써서 논문을 쓰는 이유는 정확한 선행연구 분석이 가능하기 때문입니다. ChatGPT에 질문을 하고 대답한 내용의 출처를 역으로 구글 스칼라에서 검색해 볼 수 있습니다. 연관 자료만 부가적으로 찾아 인용하며 논문이나 보고서를 완성하는 일은 현재도 많은 대학에서 이루어지고 있습니다. 전문 지식을 기반으로 사람이 하던 논리적인 글쓰기를 인공지능 ChatGPT를 이용해서 더 빠르게 효율적으로 할 수 있게 된 것입니다. 실제 판결문이나, 의학적인 지식, 코딩, 전문적인 자료의 정리 등은 ChatGPT의 도움을 받는 사례가 폭발적으로 늘어날 것입니다.

인공지능은 이 순간에도 자신이 반환하는 해답의 정확도를 향상할 모델을 스스로 최적화하며 딥러닝하고 있습니다. 따라서 실시간으로 정확도와 전문성은 상승할 것입니다. ChatGPT는 사람이 제공한 입력 문구를 수정하거나 동일한 프롬프트를 여러 번 시도하는 방법으로 올바른 대답을 찾고 저명한 전문가들의 논문이나 연구 자료를 학습하면서 오류 정보를 스스로 검증하는 기술을 탑재하고 있습니다. 현재는 잘못된 정보가 생성될 수 있다는 점, 유해한 지침이나 편향된 콘텐츠를 생성할 수 있다는 점을 제한점이라고 안내하지만, ChatGPT는 이미 인류에게 큰 위협과 도전을 안겨준 셈입니다.

1억 명이 넘는 사용자들은 이미 ChatGPT의 발전을 실시간으로 돕고 있습니다. OpenAI의 ChatGPT는 사용자가 모호한 쿼리를 제공했을 때 사용자에게 명확한 질문을 던져 문제를 스스로 정의합니다. 이렇게 문제해결의 정확도를 스스로 높이는 수준까지 발전한 것은 대화형이라는 특성 때문입니다. 인공지능은 사용자가 의도한 바를 추측하려고 하고, 그 과정에서 사용자의 지식 수준, 사고의 패턴, 주로 사용하는 어휘를 발견할 수도 있습니다. 질문에 대한 싱글턴이 아닌 멀티턴이 가능하다는 것이 ChatGPT가 가진 최대 강점입니다. 앞의 대화를 분석하여 개인 맞춤형으로 정보를 가공하여 제공하는 것입니다.

최근 인공지능 추천시스템을 탑재한 쇼핑몰들은 앞서 개인이 검색한 제품, 클릭한 제품을 근거로 사용자 맞춤형 제품을 추천하고 있습니다. 이미 로봇청소기나 냉장고, 또는 에어컨에 달린 카메라가 집 안에 비치된 제품을 스캔하여 집주인의 취향과 적정 가격까지 고려하여 맞춤형 가전과 가구의 판매처를 추천해 주고 있습니다. 스스로 필요한 정보를 찾아 분석하고 해답을 찾아가는 인공지능의 단계로 발전하고 있는 것입니다.

현재에도 인공지능은 사용자가 입력한 문장만을 데이터로 활용한 것이 아니라 사용자가 의도한 바를 추측하고 부정확한 부분에 관한 질문을 던집니다. 질문을 던지는 것은 사람의 고유 인지적 특성인데, 질문을 인공지능이 던진다는 것은 인공지능이 능동적으로 발전하고 있다는 사실을 알려줍니다. 인공지능은 사용자와 지속적인 상호작용을 하면서 더 발전될 것이고, 사용자가 제공하는 피드백은 인공지능의 발전 속도를 더 올릴 것입니다.

4. 하이컨셉 ChatGPT의 튜토리얼: Worked-example effect

ChatGPT에 대해서 더 잘 알고 활용하기 위해서 ChatGPT의 튜토리얼을 소개하겠습니다. 이미 홈페이지에도 잘 나와 있지만, 본 책에서는 좀 더 상세히 설명하고 적절한 수업 예시도 소개해 보려고 합니다. Open AI의 튜토리얼은 간단한 교육적 활용 예시를 들어 샘플 작업을 직접 해 보고, 추가로 연관된 활동을 할 수 있도록 지원합니다. "샘플만 써봐도 알아요!"라는 광고 문안은 화장품의 미용 효과를 사용자가 빠르게 경험할 수 있다는 의미를 내포하고 있습니다.

OpenAI에서 제시하는 작업 샘플에서 작업 예제 효과(Worked-example effect, Sweller, 1988)가 떠오르는 교육연구자들이 많을 것입니다. OpenAI는 ChatGPT의 샘플 애플리케이션을 탑재하여 작업 예제 효과를 통해 인지 부하를 낮추고 있습니다. 누구나 ChatGPT를 활용하는데 인지적인 진입 장벽을 낮추는 방법을 채택하고 있는 것입니다.

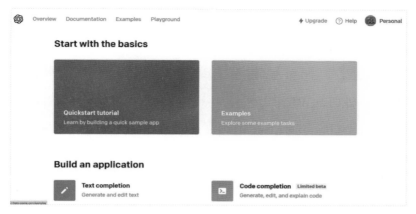

[그림 1-4] OpenAI의 ChatGPT 튜토리얼

이러한 작업 예제 효과는 문제해결 학습이나 발견 학습과 같은 창의적인 교육 기법을 사용할 때 작업이 된 샘플을 먼저 보여주게 되면서 인지 부하를 낮추는 효과를 말합니다(Sweller, 2006, p.165).[1] 작업 예제를 제공하는 경우는 학습자가 이전에 유사한 학습 경험이 전혀 없는 경우에 가장 효율적입니다. Renkl (2005)[2]의 교육이론을 토대로 보면 ChatGPT에 작업이 되어 있는 샘플 예제들은 ChatGPT 기술 습득을 위한 장황한 기능 설명보다 더 직관적으로 사용자들의 이해를 촉진할 수 있습니다.

1) 사용자 맞춤형 텍스트 완성 기능

텍스트 완성 분야에서는 콘텐츠 생성, 요약, 분류 및 감정 분석, 데이터 추출, 번역 기능을 제공합니다. 대화형으로 되어 있어서 사용하기 쉽고 사용자 정의도 가능한

---

1) Sweller, J. (2006). The worked example effect and human cognition. Learning and Instruction, 16(2), 165–169.
2) Renkl, A. (2005). The worked-out-example principle in multimedia learning. The Cambridge handbook of multimedia learning, 229-245.

API를 제공합니다. ChatGPT 텍스트 완성 기능을 가지고 할 수 있는 교육적인 활동은 많습니다. 샘플로 사례처럼 장문의 내용을 학습자의 학년 수준에 맞게 요약하는 것입니다. 따라서 실제 수업에서는 교수자가 요약할 자료를 제공해 주고, 학습자가 실제로 요약한 내용과 ChatGPT의 요약문을 비교해 보면서 핵심 내용을 파악하는 활동으로 활용할 수 있습니다. 실제 ChatGPT에 교육적으로 활용할 방법에 대해 질문했습니다.

사용자	How can I use chatGPT in education? 한국어로
ChatGPT	ChatGPT는 자연어 처리 기술을 기반으로 하는 AI 모델로, 교육 환경에서는 수업 질문에 답하거나 질의 응답(Q&A) 시스템으로 사용될 수 있습니다. 그 외에도 교육 자료 생성, 학습 검사 등의 응용이 가능합니다.
사용자	국어 수업에서는 어떻게 사용할까요?
ChatGPT	국어 수업에서 ChatGPT를 사용하는 경우, 작문 검사 및 교정, 문법 문제 해결, 자연어 생성 등의 응용이 가능합니다. 학생들의 작품을 입력하여 작문 검사를 실시할 수 있고, 문법 문제나 작문 문제에 대한 해결책을 제시해줄 수 있습니다. 또한, 학생들이 입력한 제목이나 주제를 기반으로 글을 생성하는 것도 가능합니다.
사용자	수학 수업에서 ChatGPT를 사용할 수 있는 방법은 무엇이 있나요?
ChatGPT	수학 수업에서 ChatGPT를 사용할 수 있는 방법에는 다음과 같은 것들이 있습니다: 수학 문제 풀이: ChatGPT를 이용해 학생들이 입력한 수학 문제에 대한 풀이를 제공할 수 있습니다. 공식 정리 및 설명: ChatGPT를 통해 학생들이 수학 공식에 대한 정리 및 설명을 얻을 수 있습니다. 수학 퀴즈 생성: ChatGPT를 사용해 수학 퀴즈를 생성하고, 학생들에게 제공할 수 있습니다. 수학 과제 생성: ChatGPT를 이용해 수학 과제를 생성하고, 학생들에게 제공할 수 있습니다. 이러한 방식으로 ChatGPT를 수학 수업에서 활용할 수 있습니다.
사용자	과학 수업에서 ChatGPT를 사용할 수 있는 방법은 무엇이 있나요?

ChatGPT	과학 수업에서 ChatGPT를 사용할 수 있는 방법에는 다음과 같은 것들이 있습니다:
	과학 개념 설명: ChatGPT를 이용해 학생들이 과학 개념에 대한 쉬운 이해를 제공할 수 있습니다.
	과학 실험 지침: ChatGPT를 사용해 과학 실험 지침을 작성하고 학생들에게 제공할 수 있습니다.
	과학 프로젝트 도움: ChatGPT를 이용해 학생들이 진행하는 과학 프로젝트에 대한 도움을 제공할 수 있습니다.
	과학 퀴즈 생성: ChatGPT를 사용해 과학 퀴즈를 생성하고, 학생들에게 제공할 수 있습니다.
	이러한 방식으로 ChatGPT를 과학 수업에서 활용할 수 있습니다.

<표 1-2> OpenAI에서 제공하는 ChatGPT 활용 예시(출처: OpenAI)

 2 학년을위한 요약

변형　세대

어려운 텍스트를 더 간단한 개념으로 변환합니다.

프롬프트

2 학년 학생을 위해 이것을 요약하십시오 :

목성은 태양에서 다섯 번째 행성이며 태양계에서 가장 큰 행성입니다. 그것은 질량이 태양의 1,000분의 1이지만 태양계의 다른 모든 행성을 합친 것의 2.5배인 가스 거인입니다. 목성은 밤하늘에서 육안으로 볼 수있는 가장 밝은 물체 중 하나이며 기록 된 역사 이전부터 고대 문명에 알려져 왔습니다. 그것은 로마 신 목성의 이름을 따서 명명되었습니다. [19] 지구에서 볼 때 목성은 반사된 빛이 눈에 보이는 그림자를 드리울 만큼 충분히 밝을 수 있으며,[20] 평균적으로 달과 금성 다음으로 밤하늘에서 세 번째로 밝은 천체입니다.

샘플 응답

목성은 태양에서 다섯 번째 행성이며 매우 크고 밝습니다. 밤하늘에서 우리의 눈으로 볼 수 있으며 고대부터 알려져 왔습니다. 그 이름은 로마 신 목성에서 유래했습니다. 일반적으로 달과 금성 다음으로 밤하늘에서 세 번째로 밝은 물체입니다.

[그림 1-5] 사용자 맞춤형 텍스트 요약 기능

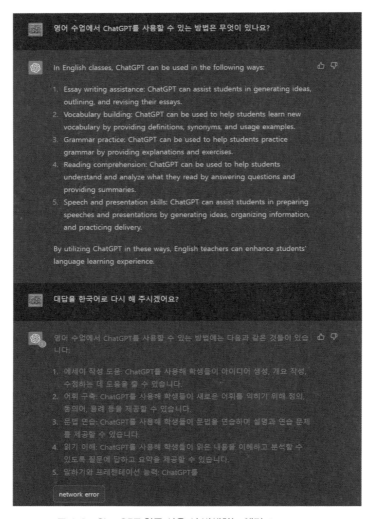

<표 1-3> ChatGPT 한글 사용 시 발생하는 에러(출처: OpenAI)

　　예시에서는 2학년이라는 학교급, 학생의 수준까지 고려하여 장문을 짧게 요약하
는 대화를 진행하고 있습니다. 결과로 ChatGPT가 반환된 요약문을 보면 어려운 수학

적 개념들을 배제하고 2학년 학생이 이해하기 쉬운 용어로 변환하여 응답한 결과를 볼 수 있습니다. 이렇게 사용자 맞춤형 대화 기능을 갖춘 OpenAI의 ChatGPT는 학생들의 학습에 대한 효율성을 높이고 인공지능에 흥미를 느낄 수 있을 것입니다. 여기에 추가적인 질문을 연결할 수도 있습니다.

2) 텍스트 내 키워드 추출 기능

ChatGPT는 앞서 설명한 장문을 요약하는 기능뿐만 아니라 기존에 장문의 텍스트에서 주요 키워드를 추출하는 일도 쉽게 할 수 있습니다. 텍스트 블록을 넣고 키워드를 추출해 달라고 입력하면 됩니다. 많은 분량의 텍스트에서 키워드를 추출하는 일과 여러 분야의 텍스트에서 공통의 키워드를 추출하는 일을 쉽게 마무리할 수 있습니다. 이러한 대화 과정에서 멀티턴(Multi-Turn)이 이루어지기 때문에 대화하는 사용자의 지식수준과 어휘도 파악할 수 있고, 주로 사용하는 어휘도 파악할 수 있습니다. 따라서 앞선 대화 내용에 따라서 같은 질문이라도 개인에 따라 동일하지 않은 대답을 얻을 수도 있습니다.

향후 ChatGPT API를 활용하여 ChatGPT를 학습시켜 사용할 수 있다면, 개인의 에세이를 제공하면서 개인의 글을 흉내 내서 보고서를 써 달라고 요청할 수도 있겠습니다. 이렇게 인공지능이 쓴 과제인지, 개인이 쓴 과제인지 알 수 없는 과제들이 많아지게 되면 이제 과제의 평가는 "탐구할 가치가 있는 주제의 발견"을 중심으로 이루어지게 될 가능성이 큽니다. 당장 대학에서는 ChatGPT를 활용하여 할 수 있는 문제를 정의하고, ChatGPT를 이용하여 탐구하고 문제를 해결하라는 과제가 나올 것입니다.

키워드

분류 변형

텍스트 블록에서 키워드를 추출합니다. 더 낮은 온도에서는 텍스트에서 키워드를 선택합니다. 더 높은 온도에서는 검색 인덱스를 만드는 데 도움이 될 수 있는 관련 키워드를 생성합니다.

프롬프트

이 텍스트에서 키워드를 추출하십시오.

블랙 온 블랙 도자기는 북부 뉴 멕시코의 푸에블로 아메리카 원주민 도예가들이 개발 한 20 세기와 21 세기 도자기 전통입니다. 전통적인 환원 발사 블랙웨어는 푸에블로 예술가들에 의해 수세기 동안 만들어졌습니다. 지난 세기의 블랙 온 블랙 도자기는 매끄러운 표면으로 생산되며 디자인은 선택적 버니 싱 또는 내화 슬립의 적용을 통해 적용됩니다. 또 다른 스타일은 디자인을 조각하거나 절개하고 제기 된 부분을 선택적으로 연마하는 것입니다. 수 세대 동안 Kha'po Owingeh와 P'ohwhóge Owingeh pueblos의 여러 가족은 가장인 도예가로부터 전수된 기술로 검은색 도자기를 만들어 왔습니다. 다른 푸에블로의 예술가들도 블랙 온 블랙 도자기를 제작했습니다. 몇몇 현대 예술가들은 조상의 도자기를 기리는 작품을 만들었습니다.

샘플 응답

키워드 : 블랙 온 블랙 도자기, 20 세기, 21 세기, 푸에블로 아메리카 원주민 도예가, 북부 뉴 멕시코, 환원 소성 블랙 웨어, 푸에블로 예술가, 선택적 버니 싱, 내화 슬립, 조각 / 절개 디자인, 연마

[그림 1-6] **키워드 추출**(출처: ChatGPT)

이미 프린스턴 대학의 컴퓨터 공학 학생인 에드워드 티안(Edward Tian)이 ChatGPT가 작성한 에세이인지 아닌지를 감지하는 GPTZero 앱을 개발한 일화가 온라인 뉴스에 소개되기도 했습니다. 이렇게 인공지능의 특성을 활용하여 인공지능이 썼는지 아닌지를 판단하는 인공지능이 또 개발되어야 하는 시대입니다. 결국 새로운

기술이 발달하면 그 기술의 발전을 촉진하거나, 현재의 시스템 안에서 윤리적인 문제가 발생하지 않도록 제어하는 등의 추가적인 기술이 발전합니다. 따라서 새로운 기술 분야에는 항상 일자리가 많고 경쟁은 낮습니다.

2021년만 해도 비교적 많은 연봉을 받던 프로그래머들이 이제는 인공지능으로 일부 대체될 위기에 처했습니다. 아직 고급 프로그래머들은 살아남을 수 있지만, 중급, 초급 인력의 프로그래머들을 대신해서 인공지능을 활용하게 될 날도 머지않았습니다. 왜냐하면 프로그래밍 언어로 번역하고 코드를 작성하는 일을 인공지능이 대신하고 있기 때문입니다.

3) 프로그래밍 언어로 번역

번역도 그저 영문을 한국어로 번역하는 기존의 번역이 아닙니다. 과거에는 파이썬을 공부하는 데도 많은 시간이 걸렸습니다. 지금은 하나의 프로그래밍 언어만 잘 알고 활용해도 쉽게 다른 프로그래밍 언어로 전환할 수 있습니다. 텍스트를 명령문으로 인식하여, 파이썬을 하스켈로 변환하는 주문이 가능합니다. 개인이 주로 어떤 프로그래밍을 잘하는지, 주로 어떤 프로그래밍 언어를 잘 사용하는지도 알 수 있을 것입니다.

프로그래밍 언어 번역

코드   번역

한 프로그래밍 언어에서 다른 프로그래밍 언어로 번역하려면 주석을 사용하여 소스 및 대상 언어를 지정할 수 있습니다.

프롬프트

```
##### 이 함수를 파이썬에서 하스켈로 변환하십시오.
### 파이썬

def predict_proba(X: Iterable[str]):
 반환 np.array([X의 트윗에 대한 predict_one_probas(트윗)])

### 하스켈
```

샘플 응답

```
predict_proba :: [문자열] -> [확률]
predict_proba = 지도 predict_one_probas
```

[그림 1-7] 프로그래밍 언어의 번역(출처: ChatGPT)

4) 다국어 번역

ChatGPT로는 대화 형식의 다국어 번역이 가능합니다.

[그림 1-8] 사용자가 원하는 언어로 번역(출처: ChatGPT)

5) 기승전결이 있는 이야기 작성

이야기의 중심이 되는 Seed 문장을 선택한 후 장르를 설정하고 ChatGPT를 활용하여 다음과 같이 스토리를 만들 수 있습니다. 명령문은 따로 규칙이 없이 대화형 문장으로 입력하면 됩니다. 샘플처럼 "한 남자가 추격을 당하고 있습니다. 그의 이름은 오대수." 해당 문장을 기반으로 스릴러 스토리를 만들어 달라고 입력합니다.

정훈 : "한 남자가 추격을 당하고 있다. 그의 이름은 오대수." 해당 문장을 기반으로 스릴러 스토리를 만들어주세요.

🤖 오대수는 평범한 일상 속에서 갑자기 추적당하는 일이 시작되었다. 처음엔 그것이 잘못된 전화나 이메일이 었다. 그러나 그것들은 계속 심각해지기 시작했다. 사무실에서부터 집까지, 그는 누군가가 그를 추적하고 있다는 것을 느끼기 시작했다.

그는 경찰에 경고를 했지만, 그들은 그것을 과장하고 있다며 처리하지 않았다. 그러나 그는 누군가가 그를 추적하고 있다는 것을 알고 있었고, 그는 그를 잡아내기 위해 모든 것을 해보았다.

추적자는 결국 그의 친구였다. 그는 오대수를 사랑하지만 그를 떠나지 않기 위해 그를 추적하였다. 그러나 오대수는 그를 더 이상 참을 수 없었고, 경찰에 그를 체포하도록 요청했다.

오대수는 이제는 펑

정훈 : 하지만 경찰은 그를 풀어주었고 오대수는 다시 위험에 빠졌다.

🤖 그는 이제 경찰에 도움 없이 자신을 직접 지켜야 했다. 그는 자신의 주변을 철저히 감시하며, 누군가가 그를 추적하는 것을 느낄 때마다 그는 도망치려고 노력했다. 그러나 추적자는 그를 잡아낼 때마다 그를 다시 풀어주었다.

오대수는 결국 그가 추적당하는 이유를 알아냈다. 그는 그를 추적하는 사람이 자신의 생명을 혼란시키려는 화학적 무기 조직의 멤버였음을 알아냈다. 그는 그들에게 자신을 떠나라고 촉구했지만 그들은 그를 떠나지 않기 위해 그를 더욱 추적했다.

오대수는 이제 자신의 생명을 지키기 위해 모든 것을 해야 했다. 그는 그들을 멈추기 위해 모든 것을 해보았지만 그들은 그를 잡아내기 전에 그를 죽일 결심을 하였다. 그는

[그림 1-9] 스토리 창작이 가능한 ChatGPT 멀티턴(출처: ChatGPT)

    산출된 대답에 다시 릴레이식으로 다음 문장을 입력하면 연이어 문장을 생성해 줍니다. 이렇게 멀티턴이 가능하므로 인공지능을 활용하여 스토리를 생성할 수 있고 극적인 장면, 클라이맥스 장면 등의 구체적인 스토리를 요청할 수 있습니다. 또한 이렇게 생성된 스토리를 가지고 DALL· E 2 모델을 활용하여 표지 이미지나 삽화를 만들 수 있습니다. 스토리를 이미지화하여 스토리보드를 만들거나 영상화하는 일은 이미 스타트업을 중심으로 서비스가 테스트 중이라 곧 대중화될 것입니다. DALL· E 2에서도 유료 결제 서비스를 이용할 수 있습니다.

인공지능 개발
패러다임 전환

1. 이전까지 인공지능 패러다임

이전까지는 딥러닝을 이용해 인공지능 모델을 만들어 왔습니다. 그 과정은 다음과 같습니다. 첫째, 데이터를 수집합니다. 인공지능을 학습시키기 위해서 잘 구조화된 데이터는 매우 중요한 요소입니다. 인공지능 연구자들 사이에서는 "딥러닝 모델에 쓰레기를 넣으면 쓰레기가 나온다"라는 격한 표현을 합니다. 대규모 데이터를 잘 수집하여 데이터 전처리(Data pre-processing)하여 사용할수록 좋은 모델을 얻을 확률이 높아집니다. 그래서 인공지능 연구자들은 수집된 데이터에서 누락된 부분이나 오차 또는 데이터 처리에 있어서 가공할 부분은 없는지를 면밀히 살펴봅니다.

데이터 전처리의 종류에는 데이터 축소(reduction), 데이터 클리닝(cleaning), 데이터 변환(transformation), 데이터 이산화(discretization), 데이터 통합(integration) 등입니다. 이렇게 데이터의 이상치나 결측치를 확인하여 제거하고 불일치되는 부분을 일관성 있는 데이터의 형태로 전환하여 라벨링을 하는 과정을 거칩니다. 지도 학습

(Supervised Learning) 같은 경우에는 학습(Train) 데이터에 입력값과 정답이 함께 있어야 학습할 수 있기 때문입니다. 데이터 라벨링은 많은 시간과 비용이 들기 때문에 라벨링을 전문으로 하는 업체를 사용해 학습 데이터를 만드는 경우가 많습니다.

둘째, 전처리한 데이터를 사용해 모델을 학습시킵니다. 최근에는 딥러닝을 사용해 모델을 학습시키는 방법을 많이 사용합니다. 딥러닝(Deep Learning)은 인공 신경망 (Artificial Neural Network)을 기반으로 하는 기계 학습 방법을 말합니다. 인공 신경망은 인간의 뇌를 모방하여 만들어진 다층 구조로 구성되어 있습니다. 인공 신경망은 다양한 레이어를 가지고 있으며, 각 레이어는 입력 데이터를 연결된 노드들을 통해 연산하여 출력 데이터를 생성하는 과정을 거칩니다. 이렇게 다양한 데이터를 입력하여 복잡한 계산을 통해 인공 신경망이 스스로 학습하고 자동으로 개선되며 기계 학습이 이루어지게 됩니다.

간단하고 작은 모델은 CPU로 학습할 수 있지만, 딥러닝 중에서도 파라미터가 많은 모델은 GPU를 사용해 학습시켜야 합니다. GPU를 구매하여 직접 PC에 설치해 학습하는 때도 많지만, AWS, GCP, Azure에서 제공하는 GPU instance를 사용하는 때도 많습니다. GPU는 CPU와 비교해 가격이 비싸므로 인공지능을 도입하려는 회사는 GPU 구매에 큰 비용을 투자해야 합니다.

[그림 1-10] GPU instance 제공 업체

셋째, 테스트(Test) 데이터를 넣어 모델을 평가하게 됩니다. 학습한 모델을 불러와 테스트 데이터를 입력하면 모델의 성능을 측정할 수 있습니다. 만약 학습한 모델의 성능이 목표치보다 낮다면 첫 번째 과정부터 세 번째 과정을 반복하게 됩니다. 더 양질의 데이터를 수집하거나 전처리(Pre-processing)를 통해 불필요한 데이터를 제거 혹은 수정하게 됩니다. 아니면 다른 모델을 사용하거나 하이퍼 파라미터(Hyper parameter)라는 변경할 수 있는 값을 조절해 재학습시켜 새로운 모델을 만들 수도 있습니다. 여러 개의 모델을 만들어서 앙상블(Ensemble) 하는 방법도 많이 사용합니다.

[그림 1-11] End-to-end Lifecycle

(출처: https://it.chosun.com/site/data/html_dir/2020/08/02/2020080200103.html)

넷째, 학습시킨 모델을 서버에 올려 배포(Deploy)합니다. 사용자에게 요청(Request)이 오면 서버에 올려둔 모델에 입력되어 추론(Inference) 과정을 거쳐 결괏값을 응답(Response)합니다. 이때 서버가 사용량이 많아 부하가 걸리는지 정상적으로 운영되는지 모니터링(Monitoring)하는 과정이 필요합니다. 그래서 MLOps라는 Machine Learning의 Ops 개념도 최근 많이 활용되고 있습니다.

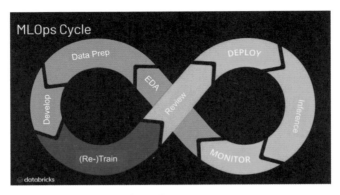

[그림1- 12] MLOps Cycle

(출처: https://www.databricks.com/kr/glossary/mlops)

2. 인공지능 활용 패러다임의 변화

위에서 살펴보았듯이 AI를 하기 위해서는 데이터, GPU, 모델, 모니터링 등 많은 선행 작업이 필요합니다. 따라서 규모가 작은 기업들은 직접 모델을 구축하기 어려운 점이 있었습니다. 하지만 최근 AWS, GCP, Azure 같은 cloud 회사에서 인공지능 API 를 오픈하며 누구나 사용할 수 있도록 열어두고 있습니다. 데이터 전처리 등 준비 과 정 없이 그냥 API에 데이터만 넣으면 결과를 얻을 수 있게 되었습니다. 모델 관리와 처리 속도 등 모든 환경도 API를 제공하는 회사에서 담당하고 있습니다.

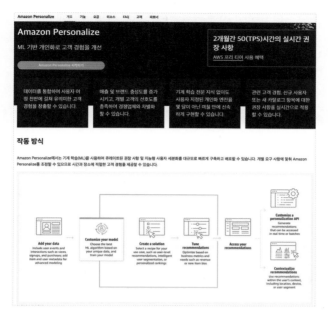

[그림1- 13] Amazon 서비스

(출처: https://aws.amazon.com/ko/personalize/)

　이러한 머신러닝 관련 API가 오픈소스로 활용할 수 있음에도 불구하고 많은 기업
은 자체적인 모델을 갖기를 원합니다. 그 이유는 회사마다 원하는 모델들이 약간의
차이가 있어서 최적화하기에는 자체 모델을 보유하는 것이 이상적이고, 특화된 모델
의 성능도 좋았기 때문입니다. 또한 이렇게 기업에서 무상으로 받는 API는 추가 데이
터를 활용한 모델 학습은 불가능했고, 언제 API가 차단될지 또는 유료화될지 모르는
불안감을 안고 사용했습니다. 그 때문에 자체 인공지능 모델을 보유하고 발전시키는
기업이 늘었고, 자연스럽게 기업이 보유한 데이터가 늘고, 모델의 성능이 개선되며
기업 가치도 동반 상승하는 효과가 있었습니다. 그래서 오픈소스 API를 사용하지 않
고 인공지능 모델을 직접 개발하는 선택을 해왔습니다. 많은 투자를 했고, 인공지능

바우처 지원처럼 일반 기업이 인공지능 업체와 연계하여 자체 모델을 개발하여 기존 서비스나 기술에 통합하는 것을 지원하는 사업도 활발했습니다.

3. ChatGPT의 등장으로 인한 패러다임 시프트

OpenAI의 GPT-3.5가 공개되면서 앞서 살펴본 기존의 인공지능 개발에 대한 패러다임이 바뀌고 있습니다. ChatGPT의 등장이 패러다임을 전환하고 있는 이유는 첫 번째로 GPT의 놀라운 성능입니다. 얼마 후에 GPT-4를 공개한다는 소식도 들립니다. 현재 OpenAI에서 공개한 ChatGPT는 이전의 여러 회사에서 만들었던 모델보다 더 뛰어난 성능을 가지고 있습니다. 큰 비용을 들여 개발한 자체 모델보다 뛰어난 성능을 가지고 있는 인공지능을 사용하지 않을 이유는 없습니다. 또한 GPT보다 놀라운 생성(Generation)모델을 만들 수 있는 회사는 전 세계에 몇 없을 것입니다. OpenAI는 방대한 양의 데이터, 컴퓨팅 리소스, 학습 노하우를 보유하게 되었고, 12조 원에 달하는 Microsoft의 투자를 받아 성능 개선 속도에 가속도가 붙었습니다.

현재까지 공개된 GPT-3.5가 보여주는 성능도 인공지능 연구자로서는 매우 놀랍습니다. GPT-4는 얼마나 더 세상을 바꿀지 많은 인공지능 연구자는 기대 반, 두려움 반입니다. 이제 Google이나 Microsoft의 투자를 받은 OpenAI 등 몇 개의 거대기업 외에 누가 AI 모델을 만들 수 있을 것인가에 대한 우려도 큽니다. 고성능 AI 모델에 대한 소유권을 Google과 Microsoft 같은 빅테크 기업이 독점하게 되었기 때문입니다.

그래서 현재 2023년 1월 우리나라에 불고 있는 인공지능 회사에 대한 투자 열풍에 대해 인공지능 연구자로서는 매우 당황스럽습니다. OpenAI나 구글과 같은 거대 회사의 성능 좋은 API가 약간의 비용을 내고 사용할 수 있게 된다면 이전 방식으로 학습시킨 성능 낮은 인공지능을 가지고 있는 회사들은 존재 가치를 잃고 사라질 가능성이 더 크기 때문입니다. 몇몇 인공지능 회사에 대해 4배 가까이 상승한 주식가격은 한순간에 거품처럼 꺼질지도 모릅니다. 눈부신 발전 속도로 인해 소규모 인공지능 개발 업체의 미래는 예측이 어려운 상황입니다.

그래서 패러다임이 전환되는 두 번째 이유로 GPT를 돌리기 위한 컴퓨팅 리소스에 대해 말씀드리고자 합니다. GPT의 성능이 너무 좋아 회사의 자체 GPT 모델을 만들기 위해서 모델을 학습시키려는 회사들이 많습니다. 이를 위해서는 GPT 학습의 리소스가 매우 필요하며 일반 회사에서는 감당할 수 없는 컴퓨팅 자원이 필요하게 됩니다. Google에서 선보인 초거대 언어 모델인 PaLM은 6,144개의 TPU를 사용해 학습된 것입니다. TPU는 GPU의 약 10배 정도 성능이 좋다고 알려져 있습니다. 단순한 계산으로도 6,144개에 10을 곱하여 61,440의 GPU를 사용하여 학습시킨다는 것을 알 수 있습니다.

이렇게 되면 소규모 인공지능 회사와 일반 사용자들은 API 요청을 통해 모델을 사용할 수 없을 만큼 모델의 크기가 커지게 됩니다. 따라서 어쩔 수 없이 자체 모델을 만들지 못하고 빅테크 기업의 모델을 사용하게 됩니다. Google이나 Microsoft와 손잡은 OpenAI에 독점권을 내주게 된다는 결론입니다. 앞서 살펴본 두 가지 이유로 앞으로는 직접 모델을 만드는 것이 아닌 일반인이 거대기업의 GPT를 사용하는 방향으로 개발 트렌드가 바뀔 것을 예상할 수 있습니다.

ChatGPT 시대
Next 패러다임

이제 ChatGPT API에 요청만 보내면 누구나 모든 문제를 해결할 수 있을까요? ChatGPT는 신기하게도 프롬프트(Prompt)에 따라 결과들이 다르게 나옵니다. 앞으로의 AI 연구 트렌드는 ChatGPT에 어떤 프롬프트를 넣을지에 대한 문제가 될 것이고 프롬프트 구성이 회사의 기술력이 될 것입니다. 텍스트 생성모델에서의 프롬프트는 머신러닝 모델에 주어진 입력 텍스트로부터 새로운 텍스트를 생성하기 위한 정보를 제공하는 것입니다. 예를 들어, '가장 좋아하는 음식은 뭐에요?'라는 프롬프트를 주면 모델은 '내가 가장 좋아하는 음식은 피자입니다' 같은 텍스트를 생성하게 되는데, '가장 좋아하는 음식은 뭐에요?'가 프롬프트가 되는 것입니다. 쉽게 설명하면 ChatGPT로 무엇을 할 것인가를 연구하는 것이 회사의 기술력이 된다는 것입니다. 매우 융복합적으로 인공지능 기술이 발전하고 있습니다.

1. 프롬프트 엔지니어링(Prompt Engineering)

어떤 프롬프트가 좋은지 연구하는 분야를 프롬프트 엔지니어링(Prompt enginering)이라고 합니다. 프롬프트 엔지니어링은 텍스트 생성모델에서 사용하는 프롬프트의 설계와 개발 과정을 의미합니다. 이는 모델의 성능과 생성된 텍스트의 질에 크게 영향을 주는 중요한 부분입니다.

연구원과 실무자 모두 이제 ChatGPT 나 DALL·E 2 대화형으로 인공지능을 사용하게 되면서, Prompt Engineering의 작업 대부분은 어떻게 텍스트를 생성하여 모델을 활용할 것인가의 문제로 집중됩니다. 프롬프트 엔지니어링이라는 용어는 원래 GPT-3(대규모 언어 모델) 및 창의적인 함수 작성 기능에 대해 설명하면서 유명세를 탄 온라인 게시물(https://www.gwern.net/GPT-3)에서 유래했습니다. 저자인 Gwern Branwen[3]은 프롬프트 엔지니어링 모델이 인공지능과 사용자, 실무자들 간의 상호작용을 촉진하는 새로운 패러다임이 될 수 있다고 제안했습니다.

사용자는 자신의 작업을 어떻게 완료할 것인가에 대한 상상을 하고, 인공지능 모델에서 결과를 도출하기 위해 모델에 프롬프트하는 방법을 파악하면 됩니다. 예를 들어 이미지 생성을 하기 위해서 크리에이티브 기술자들은 미적 목표를 향해 모델을 잘 활용하기 위해서는 나름의 요령과 키워드가 있다는 사실을 공유했습니다. 예술 커뮤니티 내에서는 "Y 스타일의 X"라는 프롬프트 템플릿을 사용하여 프롬프트를 구성하는 것을 공식이라고 설명했습니다. 여기서 Y는 CLIP이 이상적으로 알고 있는 아티스트 또는 예술 운동입니다. 따라서 다음 그림에서 볼 수 있는 것처럼 막연히 "연못에 수련이 떠 있는 그림"보다는 "모네 스타일의 연못에 수련의 그림(Monet-style

---

3) Gwern Branwen. 2020. Gpt-3 creative fction. https://www.gwern.net/GPT-3

painting of water lily in a pond)"이라고 입력해야 프롬프트 엔지니어링을 체계적으로 수행하는 것입니다.

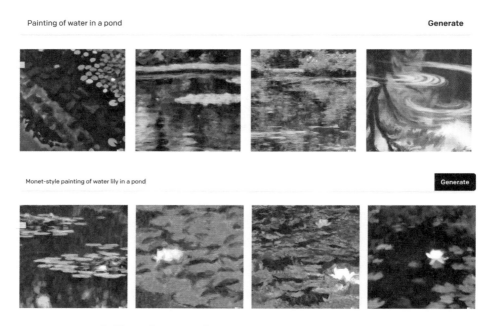

[그림1- 14] 프롬프트에 따른 결과 비교(출처:DALL·E 2 활용 재구성)

프롬프트를 통한 탐색 엔지니어링에 대한 연구자들의 최근 연구는 제한된 키워드 및 프롬프트 집합을 평가하면 학습된 모델을 더 잘 설명하고 해석하는 데 도움이 된다는 점을 보여줍니다. AI 모델의 지식 분포를 이해하면서, 사용자가 에이전트로서 더 우수한 모델을 개발하는 데 도움이 될 수 있습니다. 따라서 프롬프트 엔지니어링은 인간-컴퓨터 상호 작용 패러다임인 동시에 인공지능 모델을 효율적으로 사용하기 위한 방법입니다.[4]

프롬프트 엔지니어링은 다음의 같은 과정을 포함합니다.

1. 목적: 모델이 생성하는 텍스트의 목적을 정의하고, 이를 바탕으로 프롬프트를 설계합니다.

2. 입력 데이터의 선택: 텍스트 생성모델에서 사용할 입력 데이터를 선택하고, 이를 기반으로 프롬프트를 작성합니다.

3. 모델 특성의 고려: 텍스트 생성모델의 특징을 고려하여, 프롬프트를 최적화합니다. 예를 들어, 모델이 일정한 양의 텍스트만 생성할 수 있다면 프롬프트에서 긴 텍스트를 요구하지 않는 것이 좋습니다.

4. 실험 및 평가: 설계된 프롬프트를 실제로 텍스트 생성모델에 적용하고, 생성된 텍스트의 질을 평가합니다.

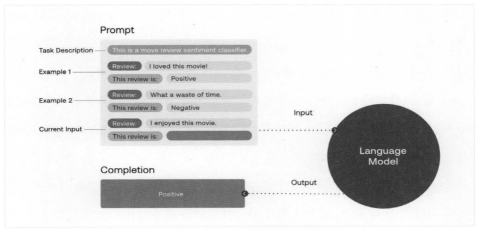

[그림1- 15] 프롬프트 엔지니어링 모델

(출처: https://docs.cohere.ai/docs/prompt-engineering)

---

4) Liu, V., & Chilton, L. B. (2022, April). Design guidelines for prompt engineering text-to-image generative models. In Proceedings of the 2022 CHI Conference on Human Factors in Computing Systems (pp. 1-23).

2. Copilot를 활용한 코딩

앞서 살펴본 바와 같이 GPT와 같은 인공지능 생성모델의 발전에 따라 코딩 교육의 형태 또한 바뀌게 될 것입니다. 이전에 인공지능 교육은 수학과 파이썬, 인공지능 모델 등의 라이브러리를 활용하는 방법들이 주축이 되어 일반인과 인문계열 학생들의 진입장벽이 높았습니다. 하지만 이제 코드를 작성하는 것부터 AI 모델이 대신해줄 수 있습니다. 개발자들도 GPT를 활용하여 코드를 작성하게 됩니다. GPT가 코드를 잘 작성할 수 있도록 좋은 프롬프트(Prompt)를 입력하는 것이 엔지니어들의 과제가 된 셈입니다.

GitHub의 Copilot은 현재 많은 개발자가 사용하고 있고 놀라운 성능을 보여주고 있습니다. GitHub의 Copilot은 개발자가 더 효율적으로 코드를 작성할 수 있도록 AI 기반 제안 및 코드 완성을 제공하는 GitHub의 새로운 기능입니다. GitHub의 Copilot 을 사용하기 위해서는 우선 GitHub에서 repository를 열고, 파일에서 코드 작성을 합니다. 입력을 시작하면 오른쪽 패널에 GitHub의 Copilot이 나타나 코드와 리포지토리 콘텍스트를 기반으로 제안 및 완성본을 제공해 줍니다. 제안을 클릭하여 수락하거나 제안을 계속 입력하여 추가 제안 결과를 볼 수도 있습니다. GitHub의 Copilot은 오픈소스 코드에서 훈련된 기계 학습 모델을 사용하여 프로젝트 및 콘텍스트와 관련된 제안을 제공하기 때문입니다. 또한 이슈 및 풀 요청과 같은 다른 GitHub 기능과 통합되어 전체 개발 프로세스에서 작업과 관련된 제안을 제공하기도 합니다.

[그림1- 16] GitHub의 Copilot

(출처:https://github.blog/2021-06-29-introducing-github-copilot-ai-pair-programmer)

3. ChatGPT와 Colab을 활용한 인공지능 모델 만들기

　ChatGPT를 사용해 python 코드를 만들고 간단하게 실행시킬 수도 있습니다. 여기서 ChatGPT를 사용하여 손글씨를 구분하는 모델을 만들고 성능을 실험해보도록 하겠습니다. 먼저 prompt로 'MNIST 데이터를 불러오고 확인할 수 있는 python 코드를 작성해줘'라고 입력합니다.

[그림1- 17] MNIST 데이터를 불러오는 코드 작성

그러면 위의 이미지같이 MNIST 데이터를 불러오는 코드를 작성해줍니다. MNIST는 손글씨 데이터이며 다음과 같은 형태를 가지고 있습니다.

[그림1- 18] MNIST 손글씨 데이터

이러한 MNIST 코드를 Google Colab을 이용해서 실행시킵니다. Google Colab은 Google이 제공하는 무료 클라우드 컴퓨팅 서비스로, 머신러닝 및 딥러닝 모델을 개발하고 훈련하는 데 사용할 수 있는 개발 환경을 제공하고 있습니다. Google Colab은 다양한 언어를 지원하며, 사용자는 인터넷 브라우저를 통해 코드를 작성하고 실행할 수 있습니다. 또 Google Colab은 사용자가 자신의 데이터를 업로드하고 다운로드하는 기능을 제공합니다. 또한 사용자가 자신의 모델을 훈련하고 테스트하기 위해 GPU와 TPU를 사용할 수 있는 기능을 제공하고 있습니다.

사용 방법은 구글 검색창에 Colab을 입력한 후, 검색된 페이지를 열면 됩니다. 페이지를 연 후 아래 이미지와 같이 ChatGPT에서 얻은 코드를 복사 및 붙여넣기를 하여 좌측 플레이 버튼을 클릭하여 실행시킵니다. 코드를 실행시키면 train 데이터와 test 데이터의 개수 및 형태를 알 수 있습니다.

[그림 1-19] train 데이터와 test 데이터의 개수 및 형태

ChatGPT에 프롬프트(Prompt)로 'MNIST 데이터를 이미지로 보고 싶어. python 으로 작성해줘'를 입력하고 실행시킵니다.

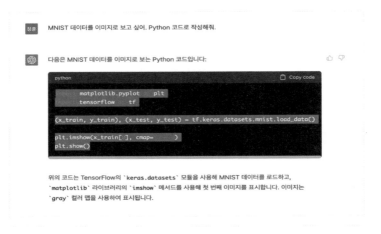

[그림1-20] ChatGPT를 활용한 python 코드 생성

ChatGPT에서 출력된 값을 마찬가지로 Colab에서 실행시킵니다. Colab에서 실행시키면, 첫 번째 데이터의 이미지를 확인할 수 있습니다. 첫 번째 데이터는 5라는 숫자의 필기체 이미지임을 알 수 있습니다.

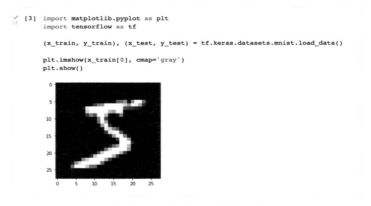

[그림1-21] 숫자 5 필기체 이미지

다음으로 인공지능 모델을 만들어보겠습니다. ChatGPT에 프롬프트(Prompt)로 'MNIST 데이터를 분류하는 간단한 딥러닝 모델을 만들어줘. python으로 작성해줘' 를 넣고 실행시킵니다.

[그림1-22] MNIST 데이터를 분류하는 간단한 딥러닝 모델의 python 코드

위의 코드를 넣고 실행시키면 간단한 딥러닝 모델이 학습되고 생성됩니다. 97%의 정확도를 가지는 인공지능 모델이 생성되었음을 알 수 있습니다.

```
import tensorflow as tf
(x_train, y_train), (x_test, y_test) = tf.keras.datasets.mnist.load_data()

# 입력 데이터의 정규화
x_train = x_train / 255.0
x_test = x_test / 255.0

# 원-핫 인코딩
y_train = tf.keras.utils.to_categorical(y_train, 10)
y_test = tf.keras.utils.to_categorical(y_test, 10)

model = tf.keras.models.Sequential([
    tf.keras.layers.Flatten(input_shape=(28, 28)),
    tf.keras.layers.Dense(128, activation='relu'),
    tf.keras.layers.Dense(10, activation='softmax')
])

model.compile(optimizer='adam', loss='categorical_crossentropy', metrics=['accuracy'])

model.fit(x_train, y_train, epochs=5, batch_size=32)

test_loss, test_accuracy = model.evaluate(x_test, y_test)
print("Test Loss:", test_loss)
print("Test Accuracy:", test_accuracy)
```

```
Epoch 1/5
1875/1875 [==============================] - 6s 3ms/step - loss: 0.2609 - accuracy: 0.9249
Epoch 2/5
1875/1875 [==============================] - 5s 3ms/step - loss: 0.1132 - accuracy: 0.9662
Epoch 3/5
1875/1875 [==============================] - 4s 2ms/step - loss: 0.0782 - accuracy: 0.9768
Epoch 4/5
1875/1875 [==============================] - 5s 3ms/step - loss: 0.0593 - accuracy: 0.9823
Epoch 5/5
1875/1875 [==============================] - 4s 2ms/step - loss: 0.0454 - accuracy: 0.9860
313/313 [==============================] - 1s 2ms/step - loss: 0.0751 - accuracy: 0.9775
Test Loss: 0.07510772347450256
Test Accuracy: 0.9775000214576721
```

[그림1-23] 생성된 python 코드의 Colab 실행

　본 챕터에서는 ChatGPT를 이용해 코드를 생성하고 Colab을 활용하여 인공지능 모델을 만드는 과정을 소개했습니다. 이처럼 ChatGPT의 활용성은 무궁무진합니다. 이제는 앞서 설명해 드린 대로 어떤 프롬프트를 넣을 것인가를 고민하면서 인공지능 패러다임 변화를 즐겨 보시면 좋겠습니다.

　Google도 GPT 모델을 만드는 TFT가 출시 전 테스트 중이라는 뉴스가 나왔습니다. 앞으로 인공지능 모델은 대화형으로 개발되어 일반인의 진입장벽은 더 낮아지게 될 것입니다. 두 기업의 기술력을 비교할 때 Google은 개인 데이터를 더 많이 보유하여 분명 기술 우위에 있습니다. 구글은 기본적인 유저 수도 압도적이고 구글 검색, 번역, 스칼라, 포토, 블로그 등에서 이미 엄청난 개인 맞춤형 데이터를 보

유하고 있습니다. 따라서 개인 맞춤형 챗봇 등을 Google에서 개발하게 된다면 ChatGPT의 범용성을 뛰어넘어 개인 맞춤형 특화 서비스가 가능할 것으로 보입니다. 또한 구글의 경우 이러한 연구자들의 검색패턴, 인용 패턴에 대한 데이터를 이미 확보하고 있을 것입니다. 이제 ChatGPT의 대항마가 구글에서 나온다면 더 효율적으로 인공지능에 연구 문제를 제시하고, 논문을 쓰도록 할 수 있을 것입니다.

이제는 이처럼 인공지능의 발달로 새로운 문제 상황을 예측하고 해결하는 것도 인간의 새로운 일이 되었습니다. ChatGPT를 만난 인간은 이 대화형 인공지능을 활용해서 무엇을 할 것인가에 대해 고민에 빠져야 합니다. 한 마디로 ChatGPT로 하고 싶은 무엇이 있는 개인은 인공지능을 쓸모 있는 곳에 사용하여 더 발전하게 될 것이라는 뜻입니다.

연구자들은 구글 스칼라 없이는 어떻게 연구할지 막막한 수준입니다. 연구 문제를 정의하고 이론적 배경의 히스토리를 정리하는 일이나 선행연구를 분석하는 일은 현재 사람보다 인공지능이 더 빠를 수 있습니다. 하지만 인간이 할 일은 연구할 가치가 있는 문제를 발견하는 일입니다. 물론 머지않아 인공지능 또한 인간이 찾은 연구 문제의 필요성, 연구 가치를 판단할 수 있는 날이 올 것도 같습니다.

그 사이 인간은 인공지능을 활용한 증강지능으로 더 새로운 연구 문제를 창의적으로 찾아낼 수 있을 것입니다. 저자는 두 거대 기업의 대화형 인공지능 기술의 발전상을 보면서 흥미롭기도 하지만, 기술이 발전하는 만큼 인류는 더 큰 과제를 안게 되었다고 느낍니다. 이제 인간은 무엇을 해야 하고, 교육에서 무엇을 해야 할지에 대한 고민에서 머무를 때가 아니라, 무엇이든 실행할 시점이 다가왔습니다. 이제 교육연구자들은 교육혁신을 위해 해결할 문제를 찾고, 급변하는 세상에 적응하고 살아남기 위해 여정을 시작해야 합니다.

디지털 르네상스의 시대

인공지능과 더불어 잘 살아내는 방법은 인공지능을 잘 이해하고 잘 활용하여 인간의 능력을 넘어서는 능력을 확보하는 것입니다. 인간 고유의 재능, 역량을 발굴하고 계발하려는 노력이 필요합니다. 특히 교육을 담당하고 있는 분들의 역할이 중요한 시기입니다.

"인공지능이 대체할 수 없는 일은 무엇일까요?"

정답은 창의적인 일입니다.

1. 인간 고유의 탁월성이 부활하는 르네상스

사실 인공지능이 개발되기 시작한 것은 수십 년 전이지만, 최근에서야 인간이 구축해 놓은 데이터를 학습한 인공지능을 쓸모 있게 사용할 수 있게 된 것입니다. 특히 창의적인 영역은 아직도 인공지능이 대체하기엔 불가능한 일입니다. 그림을 그리고 음악을 만드는 인공지능도 물론 있지만, 그림을 기획하고, 음악을 기획하는 일을 하는 것은 인간입니다.

엄밀히 말하면 현재의 인공지능은 인간의 문제해결을 지원하는 방식으로 활용되고 있습니다. 인간이 인공지능을 활용했을 때의 장점은 훨씬 빠르고 효율적인 일 처리가 가능하다는 것입니다. 최근 등장한 인공지능 기술들은 초등학생 이상의 지능을 가지고 있고, 일부 고급 기술자의 전문적인 업무영역까지 대체하는 무서운 성장세를 보이고 있습니다. 하지만 결국 인공지능을 활용하는 것은 사람입니다. 결국 인공지능을 잘 활용하여 문제를 해결할 수 있는 사람만이 인공지능 시대의 리더가 될 수 있습니다.

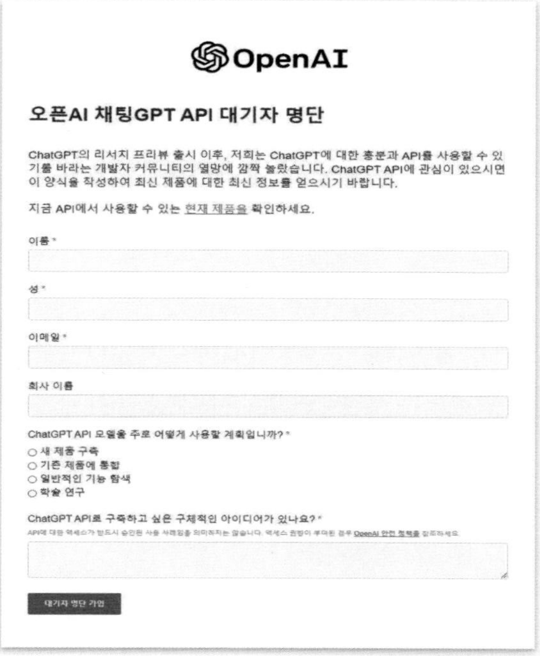

[그림 1-24] 아이디어가 있는 사람들을 위한 대기자 명단

(출처: Open AI)

https://share.hsforms.com/1u4goaXwDRKC9-x9IvKno0A4sk30

해결할 가치가 있는 문제를 더 많이 잘 발견하는 사람일수록 앞으로 할 일과 할 수 있는 일도 많을 것이고, 더 많은 부가가치를 창출할 수 있을 것입니다. 유니크한 출판 주제를 가지고 있는 작가라면 ChatGPT를 활용하여 빠르게 챕터를 완성해 갈 수 있을 것입니다. 또한 기존 서비스에 ChatGPT를 더해 빠르게 서비스 론칭을 하면 경쟁자 없이 더 많은 부가가치를 초기에 창출할 수 있을 것입니다. 절실하게 하고 싶은 게 있고, 인공지능을 활용하여 효율적인 작업을 하고 싶은 동기부여가 되어 있는 사람은 인공지능 시대의 주인공으로 살아갈 수 있습니다.

　개인의 아이디어 인공지능을 통합하여 빠르게 구현할 수 있는 API의 가격은 저렴해지고 있습니다. ChatGPT는 텍스트를 이해하고 생성하는 데 매우 능숙한 최첨단 언어 모델을 가지고, 아이디어가 있는 사람들에게 더 효율적으로 지원하게 될 것입니다. 이러한 인공지능은 문제 발견자들, 발명가들의 지능과 협력하여 '증강지능'을 쉽게 구현해 줍니다. 아이디어와 상상력을 인공지능이 실현해준다니 얼마나 신나는 일입니까? 특히 점차 유료로 제공되는 API는 모델에 대한 액세스뿐 아니라 언어 처리와 관련된 거의 모든 작업을 대행하는데 바로 적용할 수 있습니다. 따라서 앞으로의 교육은 지식을 전달하는 일보다는 학생들이 문제를 발견하고, 새로운 아이디어를 내고, 상상력을 발휘할 수 있도록 지원해야 합니다. 왜 교육이 빠르게 변해야 하는지, 어떻게 변해야 하는지, 왜 지금이 그 최적의 시기인지 지금부터 역사적 유사성을 통해 알아보겠습니다.

인공지능의 시대에는 인간만이 할 수 있는 일을 잘하는 사람의 가치는 상승합니다. 예를 들어 새로운 문제를 발견하고 그 문제를 새로운 방식으로 해결하거나, 감정을 이해하고 공감하여 예술 작품으로 탄생시키는 일 등은 인간만이 할 수 있는 일입니다. 이제 인공지능과 메타버스를 통해서 새롭게 르네상스 시대가 열렸습니다. 그 이유를 차근차근 설명해보겠습니다.

먼저 ChatGPT에 '유럽의 르네상스 운동에 대해서 설명해주세요'라고 질문해 보았습니다. 결과는 다음과 같습니다.

사용자	유럽의 르네상스 운동에 대해서 설명해주세요.
ChatGPT	르네상스 운동(Renaissance movement)은 14세기에서 17세기에 걸쳐 유럽에서 일어난 문화, 예술, 과학, 철학 등 다양한 분야의 발전을 말합니다. 고대 그리스와 로마의 문화와 학습이 재활용되어 근대의 개념과 사고가 새로운 형식으로 재탄생하면서, 새로운 과학적 지식과 예술적 표현 방식이 등장하였습니다. 르네상스 운동은 인간주의 사상이 대규모로 전파되면서, 근대 사회와 경제가 탄생하는 데 큰 영향을 끼쳤습니다.

<표 1-4> 프롬프트 입력 후 결과 화면

답변대로 르네상스는 유럽 문명사에서 14~ 17세기에 일어난 문예 부흥 또는 문화 혁신 운동을 말합니다. 르네상스는 '재탄생, 부활'이라는 의미로 고대 그리스·로마의 사상, 예술을 본받아 인간 중심 정신을 되살리고자 했습니다(인문주의, humanism). 이 시기에는 유럽에서 문화, 예술 전반에 걸친 고대 그리스와 로마 문명의 재인식과 재수용이 일어났습니다.

14~16세기 유럽	대한민국의 현재 르네상스
예술의 중요성 부각 (미켈란젤로, 레오나르도 다빈치, 라파엘로, 보티첼리 등)	K-POP BTS 정국이 월드컵 주제가를 부름. '오징어 게임', '기생충', '헤어질 결심'까지 한국 예술의 우수성 부각, 전 세계 투자 유치
국제 무역의 발전으로 유럽의 경제 성장 시대로 진입	메타버스를 활용하여 소비자는 창작자가 되는 프로슈머가 콘텐츠를 판매 빠른 속도로 글로벌 경제 체제로 진입
대항해시대	(대항해시대=메타버스) 메타버스를 타고 신대륙을 만들 수 있음. 물리적인 침략전쟁, 정복 전쟁 없이도 문화적 식민지를 건설하고 있음.

<표 1-5> 대한민국의 현재와 르네상스

옛 그리스와 로마의 문학, 사상, 예술을 본받아 인간 중심의 정신을 되살리려고 한 것입니다. 이 점에서 르네상스 운동은 문예 부흥, 인간의 정신과 존엄성의 부활 운동이라고 말할 수 있습니다. 르네상스 시기와 대한민국의 현재가 어떻게 닮았는지를 말씀드리겠습니다. 우선 14세기부터 16세기 직전인 1340년경 지중해에서 스칸디나비아까지 페스트 감염병이 발생하면서 4년 만에 유럽 인구의 3분의 1이 죽음을 맞이하는 사건이 발생하였습니다. 단기간에 인구가 감소하자 노동력이 부족해졌고, 결국 영주들은 농노들의 지위를 높여 주거나, 농노와 거래해야만 하는 상황이 벌어졌습니다. 이를 계기로 인간의 존엄성이라는 고유 가치가 상승한 것이 르네상스 운동의 사회적 배경이 되었습니다.

유럽에서는 두 명의 천재 미켈란젤로, 레오나르도 다빈치가 출현하고, 개인의 상상력을 발휘하여 예술품을 창작할 수 있는 사회적인 분위기가 조성됩니다. 이탈리아의 시에나에서 태동한 르네상스는 피렌체에서 교회와 메디치 가문의 후원을 받은 예술가와 건축가들에 의해 꽃을 피우게 됩니다. 당시 피렌체에는 이름 없는 예술가들도 자기 아이디어를 내보이고, 샘플을 만들어 자기 능력을 드러낼 기회가 마련되어 있었습니다.

2. 피렌체에서 시행된 '공개 경연'의 교훈

전염병이 물러가고 무역이 활성화되자 상인들을 중심으로 만들어진 길드는 예술가들을 후원하고 도시 곳곳을 새롭게 단장하는 후원자가 되었습니다. 피렌체에 가면 유명한 브루넬레스키의 돔이 있는 두오모가 보입니다. 그곳에는 산 조반니 세례당이 있는데, 그 문을 교체하기 위해 주제가 공개되자 작업을 수주하려는 예술가들의 경쟁이 치열했습니다.

34kg의 청동판, 네 개를 가지고 1년 이내에 구약성서에 묘사된 이삭을 제물로 바치는 아브라함의 이야기를 가로 33cm, 세로 43cm의 패널을 제작해야 한다는 과제가 주어진 것입니다. 경합을 거쳐 결승에 오른 두 사람, 즉 브루넬레스키와 기베르티는 성서의 구절을 가지고도 해석이 달랐습니다. 브루넬레스키는 아브라함이 칼로 아들 이삭을 살해하려는 순간 천사가 나타나 그의 손목을 잡고 저지하는 순간을 담았습니다. 천사가 나타나며 그 비극은 일어나지 않았다는 안도감을 느끼게 했습니다. 그러나 기베르티는 칼을 들어 아들의 목을 향하고 있는 가장 극적인 순간을 묘사했습니다. 신의 명령에 순종하는 아브라함을 묘사한 기베르티가 최종 승자가 되었습니다.

[그림 1-25] 기베르티의 청동문과 건축 샘플

당시 브루넬레스키는 이미 유명한 예술가였고, 신예인 기베르티보다 나이도 한 살 많았습니다. 두 예술가가 출품한 작품의 완성도는 우열을 가리기 어려웠지만, 사람들의 평가는 기베르티에게 기울었습니다. 게다가 기베르티는 청동 내부에 공간을 두어 20% 이상의 청동을 절약하면서 문을 가볍게 제작할 수 있다는 아이디어도 참신하다는 평가를 받았습니다. 결국 기베르티는 무려 13년 동안 피렌체 세례당 문을 제작하는 기회를 얻었고, 지금도 피렌체 두오모 박물관에는 청동문과 둘의 경연에 사용되었던 샘플이 전시되어 있습니다.

이후 기베르티는 동쪽 문에 21년(1430~1424), 북쪽 문에 27년(1425~1452)이라는 시간을 바쳐 청동문 두 개를 완성합니다. 기베르티가 평생을 바친 이 작품은 피렌체를 방문하는 사람들에게 깊은 감동을 주고 있습니다. 이렇게 피렌체는 공개 경연 과정에서 서로가 아이디어로 성장을 거듭할 수 있는 환경이었습니다. 이러한 '공개 경연' 과정은 고스란히 박물관에 남아 있습니다. 주제, 재료, 스토리텔링을 공개하자 많은 예술가와 과학자, 건축가들의 치열한 토론 속에서 더 기발한 아이디어가 나왔고, 공개 경연 과정에서 여러 명의 아이디어가 선정된 때도 있어 그들의 아이디어를 결합한 건축물과 예술 작품들이 탄생했습니다. 그리고 그 예술품들에는 그들의 이름을 새길 수 있었습니다.

기베르티에게 패한 브루넬레스키는 이후 로마에서 건축을 배워 피렌체로 돌아와 두오모의 돔을 설계하고 완성하게 됩니다. 그리고 브루넬레스키의 돔은 미켈란젤로에게 영감을 주게 되고, 미켈란젤로가 로마 바티칸 대성당의 돔을 설계하는 벤치마크 창작의 계기가 되었습니다. 피렌체에서 활동하던 르네상스 시대의 천재들은 예술의 본질, 인간의 본질을 구현하기 위해서 노력했습니다.

인공지능 시대의 르네상스는 인간의 본질, 인간이 필요로 하는 것, 인간만이 가지고 있는 것, 그리고 인간이 표현하고 싶었던 것을 마음껏 표현하고 공유할 수 있는 초연결성에서 촉발되었습니다. 인간은 지금 인공지능이라는 도구를 활용하여 디지털 대전환 르네상스 시대를 모두가 즐기게 되었습니다.

현재의 대한민국은 피렌체의 르네상스 시대와 닮았습니다. 유튜브와 SNS를 통해서 개인이 가진 아이디어가 끊임없이 공유되고, 스토리텔링은 그 가치를 확장하면서 원소스멀티유즈(OSMU, 하나의 콘텐츠를 영화, 드라마, 책, 드라마, 애니메이션, 게임, 캐릭터, 공연, 테마파크 등 다양한 매체와 방식으로 판매해 부가가치를 극대화함)를 가능하게 했습니다. 14세기 르네상스 시대에는 모든 자료의 공유와 확산이 오프라인으로 이루어졌고, 사람들을 위한 교통수단이 발달하지 못해서 정보의 공유가 활발하지 못했습니다. 그래서 각 지역에서는 독자적인 문화를 꽃피우고 학자나 예술가들은 대면으로 만나 협업이 가능했습니다.

하지만 지금은 실시간으로 공유되는 정보와 지식이 개인의 지능을 증강시키고, 아이디어를 정교화할 수 있도록 도와줍니다. 르네상스 시대를 상상한다면 가장 사람들이 잘할 수 있는 일이 무엇인가? 다시 르네상스 시대가 도래했다면 이 순간 우리 교육에서는 무슨 일을 해야 하나를 고민하게 됩니다. 어두컴컴한 독서실에서 교과서를 암기하고 문제집을 풀며 내신을 준비하고 입시를 준비하는 것이 과연 교육의 최선인가를 고민하게 됩니다.

3. K-콘텐츠 르네상스

자원도 부족하고 인구도 적은데다 분단국가인 우리 대한민국의 미래 먹거리는 콘텐츠 사업입니다. 이 주장에는 많은 근거가 있습니다. 현재 한류의 인기는 식을 줄 모릅니다. 세계인의 이목이 쏠리는 2022년 카타르 월드컵 무대에서 K-POP의 대표주자 BTS 정국이 월드컵 주제가를 불렀습니다. 우리나라에서 열린 월드컵도 아닌데 말입니다. 2021년에는 넷플릭스의 원콘텐츠 '오징어 게임'이 세계적으로 흥행을 했고 현재 시즌 2가 제작되고 있습니다. 고작 할리우드 드라마 2회분을 만들 제작비 220억 원으로 넷플릭스의 기업가치를 최대로 끌어올린 황동혁 감독은 1,000억 원 이상의 인센티브와 감독 개런티를 받았다는 후문이 있습니다. 이렇게 K-POP, K-Drama 열풍을 타고 한국의 스토리텔링, 예술의 우수성이 전 세계의 투자자를 한국으로 끌어모으고 있습니다.

넷플릭스라는 메타버스는 영화를 극장에서 보는 대신 월 구독료를 내고 집에서 보는 시대로 바꾸었습니다. 넷플릭스라는 메타버스는 어찌 보면 코로나19를 통해 급속히 성장한 메타버스 시대에 견고하게 구축된 신대륙입니다. 창업자가 발견한 신대륙에 많은 사람이 동시 접속하면서 물리적인 공간이 아닌 가상의 공간에 신대륙이 만들어졌습니다. 이렇게 메타버스 열풍이 만든 신대륙은 물리적인 침략이나 정복 없이도 대한민국 문화의 식민지를 건설하고 있습니다. 드라마, 영화와 같은 콘텐츠는 엄청난 부가가치를 창출합니다. '별에서 온 그대'는 한국의 치킨과 맥주 문화(치맥)를 알리고, '김비서가 왜 그럴까'는 "라면 먹고 가실래요?"라는 명대사로 세계의 MZ세대에게 설렘을 주었습니다. 얼마 전 파리를 방문했는데 한국 드라마가 몰고 온 한식 열풍을 체감할 수 있었습니다. 김치전, 비빔밥에 '태양의 후예'에서 등장한 돌솥비빔밥까지 젓가락으로 비벼서 열심히 먹는 파리 시민들을 보며 메타버스를 통한 한국의 대항해시대(大航海時代)가 왔음을 실감했습니다.

실제 대항해시대는 유럽사에서 대략 15~17세기까지를 가리키는 말입니다. 시대사적으로 근세에 해당하며, 기술사적으로 범선시대와 겹칩니다. 이 시대에 이루어진 대규모 해양 탐험은 향후의 유럽 문화, 특히 유럽 백인의 미주 식민의 강력한 요인이 되었습니다. 그리고 여러 유럽 국가에서 식민주의를 정책사업으로 채택하면서 유럽의 문화가 신대륙을 지배하게 되었습니다. 이렇게 영토확장이 필요한 이유는 제조를 위한 토대, 그리고 소비시장을 구축하는 두 가지 효과가 있습니다. 하지만 원주민의 문화를 말살하는 일 등을 자행하면서 좋지 않은 면도 많았습니다.

그렇지만 하이테크 시대의 대항해시대는 다릅니다. 총·균·쇠 없이 온라인을 통해서 매우 자연스럽게 메타버스에 자발적으로 접속한 외국인들에게 우리나라의 문화를 전파할 기회입니다. 요즘은 지구촌의 일들이 실시간으로 공유됩니다. 이제 전 세계는 거의 같은 시간에 드라마를 즐기고, 뉴스를 보며, 신곡을 스트리밍하여 들을 수 있습니다. 따라서 한 나라의 일이 전 세계적으로 유사하게 일어나기도 하고, 메타버스를 통해 익명으로 사회에 진출하는 방식이나 부를 축적하는 다양한 채널이 생기고 있습니다.

메타버스를 통해서 우리에게 또 한 번의 르네상스 시대가 열렸습니다. 게다가 대한민국의 콘텐츠가 세계적으로 주목받고 있으니 가장 한국적인 것을 가장 세계적으로 홍보할 기회입니다. 한국인의 개성과 창의성을 자유롭게 발현하는 것이야말로 개인이나 국가 모두를 위한 일입니다.

4. 패러다임 전환: 내러티브적 지식(智識)의 가치

기회는 준비된 자에게 온다는 말처럼 팬데믹 시대는 준비되어 있던 Zoom과 같은 원격 화상회의 서비스, Netflix와 같은 OTT(Over the Top) 서비스들이 빠르게 오프라인 수요를 흡수했고, 순식간에 글로벌 거대 기업으로 부상했습니다. 예상치 못한 코로나 장기화가 기업가치의 상승을 견인했습니다. 하지만 언제까지나 사람들이 온라인 세상에서만 살 수 없다는 것을 동시에 깨닫게 되었습니다. 다소 약해진 변종 바이러스에는 위드 코로나로 대응하기 시작하면서 사람들은 다시 효율적으로 오프라인과 온라인을 적절히 활용해야 한다고 생각하게 되었습니다. 오프라인보다 편리한 메타버스는 완전히 우리의 생활 속에 정착되고, 이외의 메타버스는 2023년 말을 기점으로 하나둘 사라질 것입니다. 메타버스의 다음은 무엇일까요? 언제든 준비된 사람이 되기 위해서 무엇을 어떻게 준비해야 할까요?

내러티브적인 지식(智識)을 갖추어야 합니다.

분명한 것은 모든 메타버스가 사라지지는 않을 것입니다. 제페토, 이프랜드 등이 살아남는 것이 아니라, 우리가 사용하는 카카오톡, 쇼핑몰 앱도 메타버스입니다. 이렇게 오랜 기간 우리 생활 속에서 오프라인과 온라인을 연결하고 있는 메타버스는 일상생활의 문제를 해결해주거나 끊임없는 재미를 준다거나 정보를 주거나, 욕망을 실현하게 해주는 등 현실에서 할 수 없는 일들을 대신해주는 인공지능 기술이 통합된 메타버스일 것입니다.

　그리고 메타버스 안에서 여전히 많은 일자리가 생성되고 있습니다. 그러나 이러한 일자리는 우리가 학교 다닐 때 배웠거나 쉽게 배울 수 있는 지식을 활용하는 일자리가 아닙니다. 새로운 서비스를 기획하거나 기존의 기술을 융합하여 새로운 가치와 비전을 생성하는 일자리입니다. 물론 이런 능력을 갖추고 있는 사람들은 국가의 창업지원 사업을 활용하여 자기 아이디어로 창업하라고 말씀드리고 싶습니다.

　현실에서 다수가 처한 문제 상황에 대해서 해결 방법을 하나의 결과물로 기획하고, 이미지로 만들고, 완성하여 문제해결이 가능하도록 돕는 프로젝트 기획, 운영 능력이 미래의 핵심 역량입니다. 이러한 능력은 단순히 암기를 통해서 얻는 지식이 아닌 경험을 통해 체득된 지식, 바로 내러티브적인 지식입니다.

　우리가 교과를 통해 배우는 것은 일반적인 지식입니다. 포털 검색을 통해서도 나오고, 자습서나 문제집에도 정의되어 있습니다. 사실 지식에 대해 교육학자 브루너(Bruner, 1997)는 앎과 지식(Knowing & Knowledge)에 대한 패러다임 지식과 내러티브 지식을 구별한 바 있습니다. 쉽게 생각하면 현재 교과서를 구성하고, 누군가에게 설명을 듣고 배워서 이해하는 지식은 패러다임 지식입니다. 패러다임 지식은 논리적, 과학적인 특징이 있습니다. 그간 산업사회에서 정보화 사회로 발전하면서 패러다임적 지식을 효율적으로 학습하고, 업무에 적용하는 지식근로자의 가치 상승은 고등교육의 발전을 가져왔습니다. 이 때문에 고학력, 명문대, 석사, 박사학위 등이 사회생활에서 개인의 위치를 충분히 보장해주었고, 노력한 만큼 금전적인 보상도 제공해 왔습니다.

　현재까지도 학력에 따라 업무도 다르고, 의사, 변호사 등 특정한 라이선스가 필요한 경우 학습량도 많고, 학습을 완성하는 데 필요한 노력도 다릅니다. 따라서 지금까지 교육은 신분 상승의 계층 사다리가 될 수 있었습니다. 이렇게 교육에 참여한 개인이 노력하고 성취하는 만큼 신분 상승이 가능해지면서 지난 수십 년간 패러다임적 지식을 많이 갖춘 사람이 우월하다는 인식이 생겼습니다. 인적 자원에 대한 의존도가 높은 우리나라에서 교육열이 높은 것은 교육을 통해서 신분 상승이 가능하다는 믿음 때문이었습니다.

소 팔고 논 팔아 공부시켜 자식이 출세할 수 있도록 지원하는 것이 부모의 역할이었습니다. 가능하다면 해외 유학을 보내 발전된 학문을 배울 기회를 주려는 부모들의 교육열은 종로와 강남역 일대의 어학원과 유학원의 최고 전성기를 만들었습니다. 그래서 우리나라는 그 어느 나라보다 사교육비 문제가 크게 대두되기도 하였습니다. 물론 여전히 국어, 수학, 영어라는 주요 과목을 잘해야 명문대를 가고, 명문대에 가야 신분 상승할 수 있다는 인식은 전혀 바뀌지 않았습니다.

하지만 인공지능의 시대에는 패러다임 지식의 가치가 이전과는 다르게 하락하고 있습니다. 포털에서 검색할 수 있어 누구나 무료로 활용할 수 있기 때문입니다. 대신 개인 고유의 경험과 창의성이 담긴 내러티브적인 지식의 부가가치는 급상승하고 있습니다. 자신의 내러티브적인 지식을 가지고 한 번에 많은 수익을 벌어들이는 사람들의 성공사례가 늘고 있습니다. 내러티브적인 지식으로 수입을 창출한 대표적인 사례는 인플루언서, 유튜브 크리에이터 등을 들 수 있습니다. 자신만의 정보와 지식, 요리에 대한 특별한 노하우, 개인에게 유의미한 경험의 공유, 여행 정보, 문제해결 경험, 육아 전략 등은 내러티브적인 지식입니다. 이들은 큰 자본을 들이지 않고도 내러티브적인 지식을 가지고 있고 이를 콘텐츠라는 상품으로 메타버스에서 판매합니다.

팬데믹으로 웹툰, 웹소설의 소비가 늘어, 메타버스를 타고 세계 150개국에 수출되는 웹툰, 웹소설 콘텐츠도 내러티브 지식의 산물입니다. '기생충'의 봉준호 감독은 "가장 개인적인 것이 가장 창의적이다"라는 말로 개인의 고유한 경험이 가장 가치 있는 스토리가 될 수 있음을 역설했습니다. 사실 지식에 대한 관점은 인식론의 발달과 함께 변해왔으며, 최근에는 현대적 인식론을 기반으로 지식의 구성과 창출에 관한 연구도 수행하고 있습니다. 메타버스로 연결된 인공지능 시대에 내러티브적 지식이 패러다임적 지식보다 절대적으로 필요합니다. 그 이유를 인공지능의 특성을 예로 들어 다시 한번 설명해보겠습니다.

5. 인공지능 시대에 필요한 지식: 내러티브적 지식

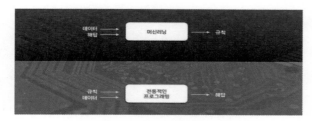

[그림 1-26] 전통적인 프로그래밍과 머신러닝의 차이

(출처: 우리 아이 AI)

위의 그림에서 볼 수 있듯 전통적인 프로그래밍은 프로그래머들이 규칙을 만들고 규칙에 따라 처리될 데이터를 입력하면 해답이 출력되는 방식입니다. 반대로 인공지능의 학습 방식인 머신러닝은 이미 확보된 데이터, 데이터로부터 기대되는 해답을 입력하여 규칙을 만드는 형태로 학습합니다. 따라서 규칙을 산출하는데 적합한 데이터와 해답을 경험적으로 많이 알고 있다면 인공지능을 활용해서 새로운 규칙을 발견할

수 있습니다. 이렇게 발견된 규칙에 새로운 데이터를 넣어서 새로운 해답을 얻을 수도 있습니다. 이 과정에서 인간의 내러티브적 지식이 활용됩니다.

전통적인 프로그래밍으로 규칙과 데이터를 입력하는 과정을 통해서 얻은 해답은 패러다임적 지식입니다. 패러다임적 지식은 언제든 검색할 수 있는 공유된 지식으로 스마트폰이 있다면 손쉽게 얻을 수 있습니다. 포털 사이트에서 언제든 검색할 수 있는 지식을 돈을 내고 구매하는 사람은 없습니다. 최근 네이버에서 프리미엄 서비스를 통해서 유료가입자에게 특화된 정보나 서비스를 제공하는데, 이때 판매되는 지식은 패러다임적 지식이 아니라 내러티브적 지식입니다. 만일 검색되는 지식을 프리미엄 서비스에서 판다면 바로 환급사태가 벌어질 것입니다. 이렇게 특화된 정보나 개인이 가진 내러티브적 지식은 이미 충분한 상품 가치를 지니고 부가가치를 생산할 수 있습니다.

직업과 연관 지어 패러다임적 지식과 내러티브적 지식을 비교해 보겠습니다. 인공지능이 직업을 대체하게 되는 맥락에 대해서 생각해 보겠습니다. 예를 들어서 대부분의 가전제품 회사는 AS를 위해 온·오프라인으로 서비스센터를 운영합니다. 전국 각지에서 서비스센터에 맡겨지는 각 제품의 고장 상황을 정리해서 소비자에게 빠르게 답을 주려고 노력합니다. 방문 서비스 접수는 얼마 전까지도 전화 상담사들이 진행했습니다. 하지만 이제는 상담사의 상담 기록은 기업의 DB가 되었습니다. 구축한 DB를 토대로 고장 유형에 대해 실시간으로 상담해주는 대화형 챗봇도 탄생했습니다. 요즘 서비스센터로 접속하면 챗봇이 예약을 받고, 간단한 고장 접수는 제품 상태를 입력하면 셀프 수리 방법도 알려줍니다. 챗봇이 고도화될수록 상담원이 가진 지식과 노동의 가치는 하락합니다. 많은 사람이 하던 업무의 데이터가 모여 챗봇이나 동일한 플랫폼 서비스로 개발할 수 있으므로 인공지능이 사람의 일을 대체하게 됐습니다.

내러티브적 지식은 고도의 전문적 지식 분야에서 고소득을 창출할 수 있습니다. 외과 의사, 치과 의사나 변호사 등과 같은 전문 직업군이 가진 경험과 지식은 내러티브적 지식입니다. 하지만 내러티브적 지식은 전공과 무관하게 일상생활 속 경험을 통해서 체득하는 경우가 더 많습니다. 백종원 씨의 전공은 사회복지학이지만 현재 요리사이자 기업가입니다. 우리가 음식을 만들 때 레시피를 참고합니다. 하지만 여러 번 요리하게 되면 노하우가 쌓입니다. 같은 메뉴라도 더 맛있는 음식을 만들어 내는 셰프가 있다면 입소문을 타고 소위 대박 맛집이 탄생합니다.

저자가 즐겨 찾는 분식집 중에 '보영만두'가 있습니다. 프랜차이즈로 주메뉴는 쫄면과 만두입니다. 이 집의 쫄면은 만두와 함께 먹을 때 대체 불가의 맛을 제공합니다. 특별한 메뉴가 아니라 어느 분식집에나 있는 쫄면에 보영만두 특유의 노하우를 담은 소스를 만들어서 독보적인 맛을 창출한 것입니다. 쫄면이 특별한 것이 아니라, 쫄면의 맛이 특별한 것입니다. 이렇게 대중의 지지를 받는 레시피는 보영만두의 셰프가 가진 내러티브적 지식의 산물입니다. 이러한 내러티브적 지식은 하나의 저작권이 되고, 프랜차이즈가 되어 성공하면 고수입을 창출할 수 있습니다. 맛집 예를 이 책에 소개하는 이유는 과거에 학교에서 배우던 지식으로 신분 상승을 하는 것보다 이렇게 특정 음식에 대한 내러티브적 지식을 토대로 신분 상승을 하는 것이 성공 확률이 높다는 현실을 설명하고 싶어서입니다. 인공지능 시대에도 보영만두의 레시피를 쉽게 복제할 수 없습니다. 중국에서는 맛을 1초 만에 감별하는 인공지능이 등장했다지만, 맛은 결과물이지 음식 조리 과정까지 알 수 있는 것은 아니기 때문입니다.

예를 들어 보영만두에서 판매하는 쫄면의 레시피를 훔치고자 하는 인공지능 개발자 A가 있습니다. 수많은 쫄면 양념에 대한 데이터와 보영만두의 쫄면 소스 맛에 대한 데이터를 인공지능 맛 감별 센서에 넣었을 때 인공지능은 결과를 계산해서 각 재료가 어떻게 들어갔는지 어떤 맛과 비슷한지를 해답으로 제시할 수 있습니다. 하지만 맛을 감별하는 인공지능 미뢰가 있다고 해도 보영만두 셰프의 양념 제조 레시피까지 제시하기는 어렵습니다. 이는 보영만두 셰프가 가지고 있는 내러티브적 지식이기 때문입니다.

최근 음식점에서 치킨도 로봇이 튀기고, 커피도 로봇 바리스타가 만들어주며, 월 50만 원에 분식집에서 서빙하는 로봇을 쓸 수 있게 되었습니다. 로봇까지 가세한 일자리 경쟁에서 내가 목표로 하는 직업군이 내가 대학도 졸업하기 전에 사라질 수 있습니다. 인공지능과 함께 살아갈 미래에는 패러다임적 지식보다는 내러티브적 지식이 필요한 직업이 늘고 있습니다. 이전에는 학교 교육에서 패러다임적 지식을 전달하는 것이 목표였다면, 이제는 패러다임적 지식을 소양으로 갖추고, 공유된 정보를 활용하여 개인의 내러티브적 지식을 발전시키는 역량을 키워야 합니다.

일본의 시가대학교 타케무라 아키미치 교수는 "인공지능 시대의 참된 인간을 육성하는 방법은 문과, 이과를 넘나드는 융합적 사고력을 강화할 수 있도록 지원하는 것입니다."라고 말합니다. 융합적 사고가 가능하게 하려면 인문학적인 기반에 STEM(Science Technology Engineering Math) 지식을 가지고 있어야 합니다. 무조건 많은 분야의 지식을 학습하라는 것은 절대 아닙니다. 꼭 필요한 지식을 깊이 있게 학습하고, 또 호기심이 생긴 지식을 중심으로 꼬리에 꼬리를 물 듯 학습해야 합니다. 결국 지식의 융합은 개인의 스키마 안에서 일어나야 하고, 해결이 필요한 문제를 발견하는 것도 개인의 스키마 안에서 가능하기 때문입니다. 결국 개인의 특수한 재능 영역을 발견하고, 스스로 전문성을 키우도록 지원하며, 전문성이 고도화된 개인의 스키마 영역(특수적 지식 영역) 안에서 발현되는 인간의 창의성은 인간이 인공지능과 행복하게 공존할 수 있도록 지원해야 할 것입니다.

인공지능과 하이터치

1. 인공지능의 속성과 인간이 할 일

인공지능은 실용적 속성을 가지고 초개인화되며, 인간과의 상호작용을 강화하여 대화문으로 발전하고 있습니다. 또한 자동화 시스템을 탑재하여 사람이 하는 일을 줄이는데, 사람을 대체하는 영역은 확장되고 대체 속도는 빨라지고 있습니다. 또한 인공지능은 예측 분석과 결정 지원에 가장 많이 사용됩니다. 과거의 데이터로부터 배우고, 미래를 예측하는 방향으로 발전되고 있습니다. 특정 사건뿐 아니라 특정한 사람이 과거에 어떤 행동을 했는지를 분석하여 앞으로의 행동 결과를 예측하기도 합니다. 시간이 지나감에 따라 누적된 데이터는 인공지능이 더 고도화될 수 있도록 효율적으로 딥러닝이 이루어지게 합니다. 이는 더 좋은 예측 결과를 반환하는 인공지능으로 발전할 수 있게 합니다.

특히 인공지능은 사람보다 패턴과 이상치(patterns and anomalies)를 더 잘 찾아냅니다. 센서에서 제공하는 데이터를 토대로 패턴에서 벗어난 이상 신호를 찾아서 감지합니다. 데이터를 통해 패턴을 찾고, 어떤 입력값이 그 패턴에 들어맞는지 아닌지를 사람보다 더 빠르게 파악할 수 있습니다. 은행 거래에서 사기, 위험 등을 파악하거나 텍스트에서 반복적인 오타 수정 등 사람의 행동 실수를 방지하거나 보완하는 데에 활용되고 있습니다. 인공지능은 인지 시스템(recognition systems)으로 이미지, 영상, 소리, 객체 등에 대한 인지 정확도를 높여가며 사람의 얼굴, 동작, 음성, 문자 인식을 합니다. 높은 인지 정확도는 사람과 컴퓨터 간 소통의 기본이 되고 있습니다.

인공지능이 활용되는 대표적인 분야는 목적 주도 시스템(goal-driven systems)일 것입니다. 2016년 알파고와 이세돌의 대국은 바둑에서 승리라는 목적 달성을 위한 인공지능 시스템과 인간의 대결이었습니다. 바둑뿐 아니라 멀티 플레이어 게임, 전략 시뮬레이션 게임 등을 하는 인공지능은 목적 달성에 의미를 두고 있지만, 이렇게 개발된 인공지능은 그 활용도가 제한적이라 점차 일상생활 속 문제를 해결하는 방식, 즉 쓸모 있는 목적 주도 시스템으로 개발되고 있습니다.

Bruner는 학습에 관해서 설명할 때 "어떤 종류의 학습이든지 학습의 첫째 목적은 지적인 희열을 느낀다는 점도 있겠지만, 그보다 더 중요한 것은 그 학습이 장차 우리에게 쓸모가 있어야 한다고 인식하는 것입니다"라고 설명한 바 있습니다. 쓸모가 있다는 것은 생활의 문제를 해결할 수 있다는 의미도 포함합니다. 그리고 인지적인 쓸모는 새로운 생각의 토대가 되어 개인이 지식의 폭을 확장하고 깊이를 심화할 수 있다는 것입니다. 인공지능은 자신의 시스템이 인간에게 쓸모가 있는 문제해결인지, 쓸모가 없는 활동인지를 판단하기 어렵습니다. 그래서 그 쓸모를 결정하고 쓸모 있는 인공지능을 설계하여 문제를 해결하는 데 사용하는 일은 사람의 일입니다.

결국 사람은 쓸모 있는 문제를 발견하고 해결하는 일을 해야 합니다. 현실에서 문제를 발견할 수도 있고, 미래를 상상하며 필요한 제품을 구상하고, 인공지능을 활용한 제품을 제작하는 형태의 문제해결을 할 수도 있습니다. 그리고 이러한 문제의 발견과 해결은 내러티브적인 지식을 기반으로, 필요한 패러다임적 지식을 학습하는 과정에서 가능합니다.

Piaget는 "사고란 개인이 스스로 지식을 연결(connections)하는 것"이라고 설명한 바 있습니다. 또한 Polanyi는 "학습자들이 자아를 중심으로 사고를 통합하는 모든 학습적인 활동을 자아 중심적 통합 작용(Self-Centered integrations)"이라고 하였습니다. 지식을 연결하고, 학습적인 활동에서 자아 중심적 통합 작용을 통해 구축된 내러티브적 지식은 Csikszentmihalyi가 말한 창의적 문제 발견과 해결 능력이 됩니다. 창의적 문제 발견과 해결 능력은 개인의 지식 확장의 노력과 정신적 에너지, 지식의 상태에 대한 불만족이 전제될 때 개발됩니다. 앞서 소개한 학자들의 이론을 종합하면 자기의 수준에 맞는 적당한 자료를 학습하고, 정당한 피드백을 받으며, 자기 오류를 수정할 수 있는 조건에서 비로소 학습이 통합되어 개인적 지식이 됩니다. 이를 도메인 지식이라고 합니다. 도메인 지식(Domain Knowledge)은 개인의 전문성을 형성하고 문제해결자로 성장할 수 있게 돕습니다.

2. 하이터치, 하이컨셉, 하이테크

다니엘 핑크는 그의 저서 『새로운 미래가 온다』에서 "지금 우리는 산업화 시대와 정보화 시대를 거쳐 스토리와 공감 그리고 상상력이 새로운 생산력인 하이컨셉·하이터치의 시대에 진입했다"라고 말했습니다. 하이컨셉(high-concept)은 인간의 창의성과 독창성에 기반을 둔 새로운 아이디어의 창출과 실현 능력을 말합니다. 패턴을 감지하고 언뜻 관계없어 보이는 것들을 결합해 새로운 뭔가를 창출해내는 '창조적 상상력' 말입니다. 하이컨셉, 하이터치라는 개념은 최근에 등장한 개념이 아닙니다. 일반적으로 하이컨셉의 영화라는 말이 익숙할 것입니다. 하이컨셉이라고 하면 내용이 특이하지만, 무척 재미있고 복잡하지 않아서 많은 인기를 끄는 경우를 말합니다.

[그림 1-27] 하이터치 하이컨셉 시대 모식도

　최근 개봉한 '아바타 2'가 대표적인 하이컨셉 영화입니다. 제임스 캐머런 감독은 개봉기념 인터뷰에서 영화, 가족, 바다를 믹스하면 '아바타'라는 영화가 나온다고 말했습니다. 하이컨셉이 매우 융복합적인 산출물이라는 것을 이 인터뷰를 통해 단적으로 알 수 있었습니다. 그는 영화를 만들기 위해서 특수효과를 연구하고, 상상력이 특수효과로 표현되는 순간까지 기술을 개발합니다. 그리고 스토리를 최상의 특수효과로 영상화합니다.

　제임스 캐머런 감독의 '창조적 상상력'이 융복합하여 '아바타' 시리즈라는 하이컨셉의 영화가 탄생했다는 것입니다. 우선 '아바타 2'를 살펴보면 하이컨셉의 성공적 구현을 위해 필요한 하이터치(high-touch)를 영화 스토리에 성공적으로 융합해 냈습니다. 하이터치는 인간의 미묘한 감정을 이해하고 공감을 끌어내는 것을 말합니다. '아바타 2'에는 가족을 지키기 위한 주인공들의 노력과 도전이 관객들의 감정에 하이터치 하였습니다. 스토리 자체가 창의적인 것은 아니었지만, 누구나 공감할 수 있고 감동할 수 있는 가족 간의 사랑을 소재로 하여 하이터치 한 것입니다. 또한 관객은 나비족이 생활하는 판도라의 자연환경과 물속을 실감 나게 구현한 하이컨셉 기법에 매료되었습니다. 최고의 영상미를 구현하기 위한 VFX(Visual Effects)[5]와 CG(Computer Graphics)[6]는 하이터치 스토리 안에서 관객을 아바타 세계관에 더 몰입하게 만들었고 감성을 자극했습니다.

실제로 제임스 캐머런 감독은 상상을 영화 대본으로 만들고, 그것을 영상화하기 위해서 VFX 기술을 검토하고 추가 개발하는 데 많은 시간을 보냈다고 인터뷰했습니다. '아바타 1'도 제임스 캐머런 감독 자신이 VFX 회사까지 만들어 가며, 15년 전에 써 놓은 시나리오가 영상화될 수 있는 기술을 개발한 후에야 제작한 영화였습니다. '아바타'가 개봉한 이후 13년 만에 '아바타 2'를 개봉하게 된 이유도 특수효과 기술을 충분히 검토하고 개발하는데 생각보다 많은 시간이 걸렸다고 인터뷰했습니다. 하이터치하는 하이컨셉의 영화를 제작하기 위한 시스템을 하이터치 시스템 (high-touch system)이라고 할 수 있고 하이테크라고도 부를 수 있습니다.

하이컨셉의 영화를 언제든 볼 수 있도록 지원하는 넷플릭스와 같은 메타버스도 하이터치 시스템입니다. 하이컨셉의 하이터치 시스템에 포함된 모든 기술을 통칭하여 하이테크(high tech)라고 할 수 있습니다. 하이테크는 고도의 과학을 첨단 제품의 생산에 적용하는 기술 형태를 통틀어 이르는 말로, 공업 디자인 및 재료, 제품을 응용한 가정용품의 디자인이나 기술을 통칭하며 사용하고 있습니다.

---

5) 시각적인 특수효과로서 영상에 특수효과를 주기 위한 모든 촬영 기법, 영상물을 통칭.
6) 컴퓨터로 만든 그래픽 이미지

3. 교육을 통해 디지털 트랜스포메이션을 실천해야 하는 이유

넷플릭스와 같은 메타버스가 각 가정의 스마트 TV 속으로 들어오면서, 인간의 상상력을 발휘한 하이컨셉 콘텐츠 산업의 가치가 재조명되고 있습니다. 특히 하이컨셉 콘텐츠 창작은 인공지능보다 사람이 더 잘할 수 있는 창조적인 일이기에 전문성을 기를수록 더 큰 부가가치를 창출할 수 있습니다. 앞에서도 언급했지만, 타케무라 아키미치 교수는 인공지능 시대의 참된 인간을 육성하는 방법은 문과·인과를 넘나드는 융복합적 사고력을 강화할 수 있도록 지원하는 것이라고 말합니다.

그런데 융복합적 사고력은 사실 현재 교육 시스템으로는 계발하기 어렵습니다. 현재의 교육 시스템은 패러다임적 지식을 잘 구성하여 학습자가 잘 습득하는 방법으로 연구하여 개발되었습니다. 하지만 융복합적 상상력과 사고력은 내러티브적 지식 영역입니다. 앞서 내러티브적 지식에 대해 언급했듯이 결국 개인적 지식은 개인의 스키마 안에서 구축됩니다. 개인의 스키마 안에서 내러티브적 지식이 산출됩니다. 개인의 스키마 안에서 해결이 필요한 문제를 발견할 수 있습니다. 결국 개인의 특수한 재능 영역을 발견하고, 스스로 전문성을 키우도록 지원하고, 전문성이 고도화된 개인의 스키마 영역(특수적 지식 영역) 안에서 창의성이 발현되도록 지원하는 것이 교육의 역할입니다. 특히 잘 개발된 인간의 창의성은 인간이 인공지능과 행복하게 공존할 수 있는 열쇠가 될 것입니다.

미래의 일자리는 하이테크를 실현하는 신기술 분야에 많습니다. 특히 메타버스와 인공지능 분야의 일자리는 앞으로도 더 늘어날 것입니다. 오프라인 못지않게 온라인의 비중이 이미 커져 버렸기 때문입니다. 따라서 메타버스나 인공지능에 대한 기본적인 소양을 쌓는 교육은 학생들이 어릴 때 시작할수록 효과가 좋습니다. 특히 어릴수록 직관적으로 새로운 기술을 배우고 또 응용하는 능력도 뛰어납니다. 우리가 특별히 스마트폰 사용법을 아기들에게 가르쳐 주지 않아도 스스로 배우고 활용하는 모습을 쉽게 볼 수 있습니다. 이는 편리한 사용성을 위해서 디지털 디바이스들은 직관적으로 또 인간의 기본적인 의식의 흐름대로 사용하도록 디자인되었기 때문입니다. 따라서 어른들이 이해하는 속도보다 학생들이 이해하는 속도도 빠르고 배우고 응용하는 속도가 더 빠른 것이 자연스러운 현상입니다.

미래의 일자리가 첨단 기술, 다시 말해 이과생들이 선택할 수 있는 직업군에 더 많은 것은 사실이지만 더 놀라운 사실이 있습니다. 이과생들은 기술을 개발하고 고도화할 수 있지만, 인간을 이해하고 서비스를 상상하고 기획하고 가치를 만들어 가는 일은 융복합적인 일입니다. 기술의 메커니즘을 이해할 수 있는 소양을 가진 인문학자와의 협업이 절실히 필요한 시기입니다. 따라서 초, 중, 고등학생들에게 협업하고 융복합 프로젝트의 경험을 조기에 쌓도록 하는 교육 시스템의 지원이 필요합니다. 한 예를 들어보겠습니다.

4. 인천과학대제전 메타버스

인천광역시교육청에서 매년 운영되는 인천과학대제전은 학교 선생님과 과학동아리 학생들이 만들어 가는 대표적인 과학축제입니다. 이 행사는 과학적인 탐구 능력과 창의력을 강화하는 기회가 됩니다. 2021년에는 '과학 꾸러미'를 만들어서 제공하고, 메타버스에서 인천과학대제전을 개최했습니다. 팬데믹이 시작된 2020년에 인천과학대제전 사무국에서는 '과학 꾸러미'를 제작하여 드라이브 스루 형태로 각 거점에서 배부하는 온라인 과학대제전을 운영한 바 있었습니다. 그리고 2021년에는 비대면으로 메타버스 인천과학대제전을 기획하게 된 것입니다.

기획 단계에서 고민이 되었던 게 동시접속자였습니다. 2021년 당시에 동시접속자가 가장 많이 나오는 플랫폼은 Zoom과 게더타운이었습니다. Zoom은 1,000명, 게더타운은 500명이었습니다. 메타버스란 아바타를 만들어서 그 안에서 상호작용이 일어나야 하므로 Zoom 대신 게더타운을 플랫폼으로 사용하기로 했습니다. 그리고 평면을 구축하기 시작했습니다. 저희가 항상 처음 메타버스를 구축하는 분들에게 추천하는 방식은 거울 세계 방식입니다. 처음 메타버스에 입장하는 사람들은 공간이 낯설다고 생각하면 불안함을 느끼게 됩니다. 이러한 테크놀로지에 대한 불안은 10대 학생들이라면 크게 느끼지 않지만, 나이가 많을수록 더 많이 느낀다는 연구 결과도 있습니다.

인천광역시 과학대제전은 개인이 메타박스를 활용해서 콘텐츠를 수시로 업데이트할 기회를 제공하였습니다. 각 학교에 1개씩의 부스를 구축할 수 있도록 하고, URL만 같다면 부스는 언제든 수정할 수 있었습니다. 메타박스는 다음과 같은 스텝으로 구성되어 있습니다. 전시관 타입을 선택하고 전시관 내부의 콘텐츠를 등록하면 됩니다. 생성한 URL은 게더타운에 직접 연동할 수 있습니다. 메타박스의 활용 방법은 뒤에 세종학당 메타버스를 소개하면서 자세히 다루도록 하겠습니다.

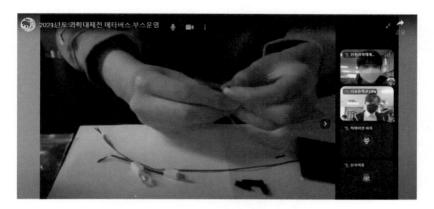

[그림 1-28] 과학 꾸러미를 활용한 메타버스 과학대제전

저자가 경험한 놀라운 일은 행사 전날은 물론이고 마지막 날까지도 부스를 수정하고 새로운 영상과 이미지가 업데이트되었다는 것입니다. 각 학교에서 제작한 '과학 꾸러미'는 행사 전에 각 가정에 택배로 배송되었고, 메타버스 안에서 학생들은 과학 실험을 함께할 수 있었습니다. 각 학생의 부스 활동은 유튜브에 생중계하였고, 더 많은 학생이 과학대제전 콘텐츠를 시공간을 초월하여 즐길 수 있게 되었습니다.

5. 한국어, 한국문화 교육-세종학당 사례

1) 메타버스 세종학당

세종학당에서는 젭(ZEP)을 통해 한국어 및 한국어 문화 교육을 시행하였습니다. '메타버스 세종학당 캠퍼스'라는 이름의 프로젝트로 해외에 거주하고 있지만, 한국어를 공부하고 한국에 오고 싶다는 마음을 키우는 학생들을 위한 메타버스 한국어 마을입니다.

[그림 1-29] 메타버스 세종학당

메타버스 세종학당 캠퍼스를 처음 오픈한 이후 약 123개국에서 접속하여 한국어로 소통하였습니다. 누구든 자유롭게 메타버스 세종학당 캠퍼스에 들어와 한국어를 공부하려는 다른 학습자들과 만나 한국어로 대화하며 K-Pop과 K-Drama 등 본인이 관심이 많은 한국문화에 대해 공유하고 있습니다. 메타버스 세종학당에서는 이렇게 자유로운 한국어 소통의 장으로 해야 할 소임도 하지만, 한국어 말하기 강사와 학생들의 수업 공간으로도 활용되고 있습니다.

2) 메타버스 세종학당에서 수업하기

① 메타버스 세종학당 강의동

미국, 유럽, 중국, 일본, 베트남, 인도, 미얀마, 우크라이나 등 52개국에서 총 560명의 학습자가 모여 한국어 말하기 수업을 수강하였습니다. 메타버스 세종학당에서는 약 20명의 한국어 말하기 강사를 섭외하여 매주 두 번씩 한국어 말하기 중심 수업을 운영하였습니다.

메타버스 세종학당 강의동은 강의동 로비, 한옥식 강의실, 현대식 강의실, 말하기 연습장 그리고 마을로 이동할 수 있는 공간으로 구성되어 있습니다. 강사 선생님들에 게는 각자 메타버스 세종학당 강의동의 맵이 하나씩 주어졌습니다. 그날의 수업 내용 과 분위기에 맞는 강의실 맵을 골라서 수업을 진행하거나 선생님들께서 직접 ZEP에 서 무료로 제공한 맵들을 활용하여 퀴즈, 방탈출 게임 등을 진행하기도 하였습니다.

[그림 1-30] 메타버스 세종학당 강의동 로비

[그림 1-31] 메타버스 세종학당 강의동 한옥식 강의실

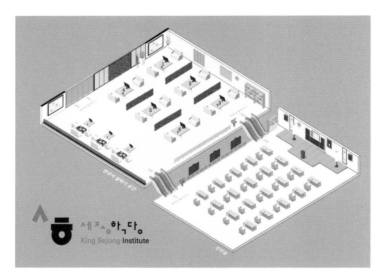

[그림 1-32] 메타버스 세종학당 강의동 말하기 연습장

ZEP 맵에 그날 활용할 수업의 PDF, 이미지, 영상 등의 자료들을 ZEP의 오브젝트에 설치해 학생들이 필요하면 자료를 손쉽게 바로 열어볼 수 있습니다. 다음의 [그림 1-32]에는 메타버스 세종학당의 도서관 맵에 세종학당재단의 전자도서관 E-Book을 오브젝트에 탑재해 수업 시간 이외에도 책들을 열람할 수 있도록 제공하였습니다.

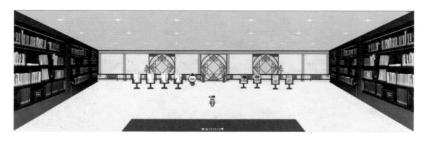

[그림 1-33] 메타버스 세종학당 도서관

② 메타버스 세종학당 마을

메타버스 세종학당 마을에는 마을 입구, 분수 광장, 중심가, 야외공연장, 광장시장, 한강 공원, 교통수단, 서원마을, 세종랜드, 한국 민속체험 마을 등 다양한 콘셉트로 구성된 일상 공간이 마련되어 있습니다. 마을은 현대와 과거가 공존하는 공간으로 현대적인 서울 도시의 모습과 더불어 한국의 전통적인 면모를 보여줄 수 있는 과거의 한국 모습을 담고 있습니다. 한국을 방문하고 싶지만 올 수 없는 외국에 거주하는 학습자들을 위해 한국을 간접적으로 체험할 수 있는 공간으로 구성이 되어 있고, 다양한 맵이 마련되어 있어서 수업 주제에 맞게 수업 공간으로 활용할 수 있습니다. 예를 들어 광장시장 맵에서는 물건을 사거나 음식점에서 음식을 주문하는 상황의 한국어 말하기 수업을 진행할 수 있습니다.

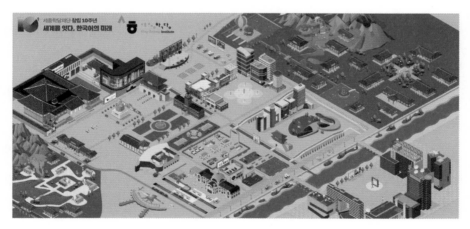

[그림 1-34] 메타버스 세종학당 마을

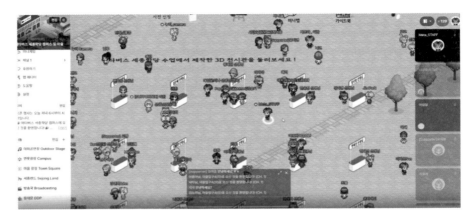

[그림 1-35] 메타버스 세종학당 친구 초청 행사

3) 메타버스 세종학당과 메타박스(Metabox)

메타버스 ZEP은 2D 이미지로 평면을 만듭니다. 따라서 실재감이 다소 떨어진다는 평가를 받고는 있습니다. 하지만 실재감이 높다고 해서 무조건 교육적으로 우수한 것은 아닙니다. 교육에서 활용하는 콘텐츠와 호환성이 높아야 효율적으로 에듀테크를 실현할 수 있습니다. 아바타가 ZEP 맵에 있으면서 가상전시관을 같이 구동할 수 있는 솔루션인 메타박스(www.metabox.kr)를 활용한 사례를 소개합니다.

메타버스 세종학당에서는 각 선생님의 발표를 메타박스를 활용해서 진행해보았습니다. 20명의 친구 초청 행사 참여자들은 각자의 3D 부스를 만들고 커스터마이징을 했습니다. 반별로 학생들과 선생님이 전시하고 싶은 주제를 정하고 해당하는 자료들을 3D 전시관에 탑재하였습니다. 메타버스 세종학당 수업에서 나온 메타박스 3D 부스 주제들은 '한국의 생활 예절 문화', '세종학당 학생들이 추천하는 한국 여행 팁', '메타버스 세종학당의 추억', '한국의 길거리 음식', '우리 반 친구들이 좋아하는 음식', '뻔한 사계절, 한국에서 FUN하게!', '소확행(소중하고 확실한 행복을 주는 한국어)' 등이 있었습니다.

메타박스는 별도의 관리자 페이지에서 콘텐츠를 수정할 수 있고, 각 부스의 참여 인원을 체크할 수 있으며 '좋아요' 등의 반응을 체크할 수 있는 관리 기능이 있습니다.

[그림 1-36] 메타버스 세종학당 친구 초청 행사 메타박스 활용 사례 1

[그림 1-37] 메타버스 세종학당 친구 초청 행사 메타박스 활용 사례 2

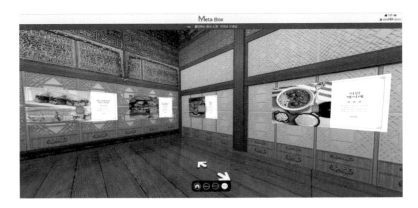

[그림 1-38] 메타버스 세종학당 친구 초청 행사 메타박스 활용 사례 3

[그림 1-39] 메타버스 세종학당 친구 초청 행사 메타박스 활용 사례 4

4) 메타박스 알아보기

메타박스(Metabox.kr)는 ㈜메타유니버스에서 개발한 셀프 구축이 가능한 가상전시 플랫폼입니다. 원래 기획 의도는 누구나 가상전시관을 구축하고 영상(유튜브, 비메오)과 이미지를 추가하여 활용할 수 있도록 하는 것입니다. 바로 링크가 생성되기 때문에 기존에 있는 SNS, 메타버스에 링크를 연동해서 공유할 수 있다는 장점이 있습니다. 메타박스로 구축할 수 있는 형태는 개별 전시와 그룹 전시 이렇게 두 가지 버전입니다.

아래의 QR코드를 촬영해 주세요!

[그림 1-40] 메타박스의 개별 전시관, 테마 선택 가능

일반적으로 3D VR 전시관을 구축하기 위해서는 IT 전문지식을 갖춘 디자이너와 프로그래머들이 3D 편집프로그램 전시관 부스를 설계하고 렌더링해 웹에 업로드한 다음, 웹프로그래밍을 통해 전시관을 컨트롤하는 복잡한 과정이 필요합니다. 이렇게 복잡하고 어려운 과정을 일반인들이 짧은 시간에 습득하여 직접 구축하기에는 많은 어려움이 있습니다. 메타박스는 전문 스킬이 없고 인터넷 정도만 이용할 수 있는 일반 사용자도 누구나 쉽게 접근하여 3D 가상전시관을 만들고 콘텐츠를 업로드해 전시할 수 있습니다. IT 최신 트렌드들이 메타버스(Metaverse)를 향해 있으며, 코로나 이후 비대면이 확대되면서 더 빠르게 관련 서비스들이 증가하는 중입니다. AR, VR, MR, XR 등의 최신 기술들과 접목되어 메타버스가 점점 우리들의 현실 세계와 융합되고 있습니다.

메타박스는 PC뿐만 스마트폰에서도 별도의 플러그인 설치 없이 3D VR 가상전시관을 쉽고 빠르게 구축할 수 있는 유저 프렌들리 플랫폼 기반의 서비스입니다. 특히 반응형 웹서비스를 제공하고 있어 랩톱, 노트북, 태블릿, 스마트폰 등 다양한 기기에서 동일한 메뉴와 콘텐츠의 접근이 가능합니다. 또한 사용자가 전시하고자 하는 목적에 맞게 전시관 부스를 선택하고 콘텐츠 파일을 업로드해 3D VR 전시관을 즉시 개설한 뒤 웹사이트에서 바로 해당 전시관을 오픈해 이용할 수 있는 혁신적인 플랫폼입니다. 최근까지 ZEP과 게더타운 및 메타버스 대부분에 연동 가능해서 그 활용 가치가 더 높아졌습니다. 특히 행사 중에도 메타박스에 접속해서 콘텐츠를 수정할 수 있습니다.

[그림 1-41] 개별 전시관을 모아 그룹 전시 링크 구축 가능

메타박스를 통해 3D 가상현실 전시관을 구축하고, 오큘러스 퀘스트와 같은 장비를 사용하여 본인이 만든 전시관에 입장해 실감 나게 가상현실 세계를 느낄 수 있습니다. 또한 메타박스는 가상전시관에서 다양한 콘텐츠를 웹 서비스할 수 있도록 제공하고 있습니다. 이미지, PDF, 동영상 업로드 기능뿐만 아니라 회원 간의 실시간 커뮤

니케이션, 회원들이 공동으로 전시할 수 있는 그룹 전시 등 다양한 기능을 제공하며, 관리자는 지속적인 업데이트를 할 수 있습니다. 다음 페이지부터는 메타박스의 접속 방법 및 개별 전시와 그룹 전시에서 제공하는 기능 및 이용 방법을 설명하겠습니다.

5) 메타박스 회원가입 하기

http://www.metabox.kr에 접속합니다. 네이버, 크롬, 엣지에서 메타박스로 검색한 후 접속하는 방법도 있고, 직접 URL을 입력하여 접속해도 됩니다. 회원가입 후 ID/PW를 입력하여 로그인합니다.

[그림 1-42] 메타버스 로그인 화면

이용 문의로 기관의 유료 이용권을 결제하면 메타박스에 회원가입 후 개별 전시관 및 그룹 전시관을 개설하여 해당 기간에 이용할 수 있습니다. 메타박스는 크롬, 엣지, 사파리 등의 최신 브라우저에 최적화되어 있습니다.

6) 개별 전시관 메뉴

로그인 후 오른쪽 영역의 '내 전시관' 메뉴에서 '전시관 신규 개설' 버튼을 클릭해 개별 전시관을 개설할 수 있습니다. 또한 '그룹 전시 등록' 버튼을 클릭하면 개별 전시관들을 모아 그룹 전시관을 만드는 것도 가능합니다. 개인의 아이디로 여러 개의 전시관을 개설할 수 있으며, 내 전시관에서 개설한 전시관 제목을 클릭하면 얼마든지 전시관 수정 및 관람을 할 수 있습니다. 전시관이 여러 개라면 '대표 전시관 설정' 버튼을 클릭하여 한 개의 전시관을 대표 전시관으로 선택할 수 있습니다. '전시관 알림'에서는 전시관과 관련된 메타박스 관리자의 알림을 확인할 수 있습니다. 이제 본격적으로 개인 전시관 설정을 안내하겠습니다.

[그림 1-43] 메타버스 개별 전시장, 그룹 전시장 선택 메뉴

7) 개별 전시관 설정

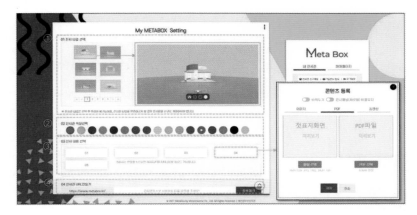

[그림 1-44] 메타버스 개별 전시관 설정 1

① 전시관 섬네일을 클릭하면 오른쪽 화면에 전시관별 전시 패널
   (개수, 가로형/세로형) 규격에 맞는 미리보기 화면이 나타납니다.

② 선택한 전시관은 색상을 변경할 수 있습니다.

③ 각 전시 패널 번호를 클릭하여 패널별로 콘텐츠를 등록할 수 있습니다. 이미지,
   PDF, 동영상 중 선택하여 업로드합니다.

PDF 파일 등록 시 왼쪽에는 첫 표지 화면 이미지를 올리고, 오른쪽 화면에 PDF 파일을 올리면 해당 패널에서 책 읽기 모드가 가능합니다.

'비워 두기' 옵션은 해당 패널을 빈 화면으로 설정하고 싶은 경우 클릭하여 활성화합니다.

'세로형 비율 유지'는 가로형 패널에 세로형 이미지를 등록하는 경우 활성화를 클릭하면 세로 비율을 유지합니다.

④ 개별 전시관의 URL 주소를 만들고, 전시관을 공개로 설정하면 누구나 URL 접속 정보만으로도 해당 전시관에 접속(관람)할 수 있습니다.

[그림 1-45] 메타버스 개별 전시관 설정 2

⑤ 전시 제목, 전시 기간, 전시 내용을 입력합니다.

⑥ 전시관을 운영할 옵션을 설정할 수 있습니다. 오른쪽 전시관 예시처럼 전시관 화면에서 설정한 옵션을 활용합니다. '댓글형 대화창'과 '실시간 대화창' 기능은 둘 중 한 개만 선택하여 운영할 수 있습니다.

⑦ 전시관은 공개 설정(전시관 URL을 알고 있는 누구나 접속하여 관람이 가능)이 기본이며, '프라이빗 전시관 운영'을 활성화하면 전시관 접속 비밀번호가 생성

되어 해당 접속 비밀번호를 알고 있는 이용자만 접속(관람)할 수 있습니다.

'그룹 전시 상시 허용'은 다른 메타박스 회원이 그룹 전시를 하기 위해 해당 전시관 ID 검색을 허용하고, 그룹 전시에 참여를 허용하는 옵션입니다.

⑧ 전시 태그에 키워드를 입력하면 전시관 검색 시 해당 전시관을 검색 결과에서 찾을 수 있게 해줍니다.

⑨ 전시관을 오픈한 후 이메일 또는 문자로 초대장을 발송할 수 있는 기능을 제공합니다. 이메일을 등록하면 옆에 보이는 초대장을 이메일로 발송해줍니다. 문자 탭을 선택하고 핸드폰 번호를 입력하면 카카오 알림톡으로 초대장을 발송할 수 있는 기능을 제공합니다.

[그림 1-46] 초대장 발송 기능

8) 개별 전시관 화면 구성

개별 전시관 설정 화면에서 전시관을 개설한 후 '관람' 버튼을 클릭하면 개설된 가상전시관으로 이동할 수 있습니다. 공개 전시관에는 전시관 주소를 알고 있는 누구나 (비회원도 접속 가능) 입장할 수 있습니다.

화면 상단 중앙에서는 전시 제목을 확인할 수 있으며, 오른쪽 상단 끝에는 접속자 숫자와 해당 전시관에 '좋아요'를 클릭한 숫자가 보입니다.

'모바일 접속 QR코드'를 클릭하면 해당 전시관의 QR코드를 확인할 수 있으며, 스마트폰으로 QR코드를 찍으면 모바일에서도 바로 접속할 수 있습니다.

[그림 1-47] 전시장의 게시판 기능

전시관 운영 옵션에서 '전시장 방문로그창' 옵션을 활성화하면 왼쪽 중앙 화면에서 전시장 방문로그를 제공합니다. 방문로그창 위쪽에 있는 알림 아이콘을 클릭하면 전시관 화면에서 방문로그창의 열기/닫기를 할 수 있습니다.

[그림 1-48] 메타버스 세종학당 친구 초청 행사 메타박스 활용 사례 5

전시관 운영 옵션에서 '댓글 대화창' 또는 '실시간 대화창' 옵션을 활성화하면, 오른쪽 중앙 화면에서 그 기능을 제공합니다. 댓글 대화창과 실시간 대화창은 동시에 이용할 수 있으며, 댓글 대화창은 전시관에 올라온 댓글 리스트를 확인하고 답글을 작성할 수 있습니다. 실시간 대화창은 전시관에 접속한 회원들이 실시간으로 커뮤니케이션할 수 있는 채팅 기능을 제공합니다.

전시관 운영 옵션에서 '게시판 운영 설정'과 홍보용 링크 주소를 입력하면 홈페이지 하단에 '게시판', '홈페이지' 버튼이 생성됩니다.

전시관 하단의 '게시판' 버튼을 클릭하면 전시관에 관해 알림이나 질의응답을 할 수 있도록 게시판 기능을 제공합니다. 하단의 '웹사이트'를 클릭하면 전시관 운영 옵션에서 등록한 홍보용 웹사이트 링크로 연결됩니다.

개별 전시 섬네일 배경 이미지는 각 회원이 '마이페이지'에 등록한 사진 이미지가 기본으로 적용되며, 해당 이미지는 그룹 전시 ID 등록/추가 화면에서 변경합니다. 메타박스를 활용해서 개별 페이지를 구축하고, 구축한 3D 가상전시 링크를 웹사이트에 연동할 수 있습니다.

[그림 1-49] ZEP에서 가상전시관 연동하고 콘텐츠 열람하기 1

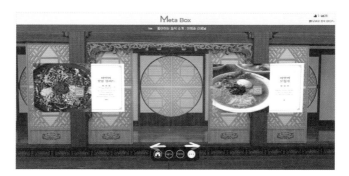

[그림 1-50] ZEP에서 가상전시관 연동하고 콘텐츠 열람하기 2

리터러시(Literacy)

1. 3R's

3R's는 학습자가 습득해야 할 기본 능력으로 읽기(Reading), 쓰기(wRiting), 셈하기(aRithmetic)를 의미합니다. 3R's는 우리나라를 비롯한 여러 국가에서 학교 교육을 통해 반드시 습득해야 할 기본 능력이자 학교 교육 이후 단계에서 학업을 지속하고 실생활을 영위하는 데 필수적인 능력으로 여겨집니다. 따라서 여러 나라는 학생의 3R 역량을 정기적으로 파악하고, 해당 능력이 부족한 학생을 지원하기 위한 다양한 정책을 펼치고 있습니다.

2021년 9월에 발표한 제3차 성인문해능력조사 결과에 따르면 우리나라 성인 가운데 일상생활에 필요한 기본적인 읽기, 쓰기, 셈하기가 어려운 비문해 성인은 전체 인구의 4.5%인 약 200만 명 정도로 추산되었습니다. 아직도 우리나라에 성인 비문해 인구가 많은 것을 알 수 있습니다.

또한 교육부는 모든 학생의 기초학력을 보장하는 국가 교육 책임제 실현을 위한 '제1차 기초학력 보장 종합계획(2023~2027)'을 마련하여 추진하고 있습니다. 2025년까지 인공지능 기반 기초학력 진단 및 지원체계를 구축하고 2027년까지 국가-지역

-학교 연계 기초학력 안전망을 완성한다는 목표로 이번 종합계획을 추진하고 있습니다. 또한 2022년 3월부터 시행되는 기초학력 보장법은 기초학력 평가 진단 결과를 바탕으로 체계적인 교육 환경을 지원하기 위한 기반을 조성하는 것을 목적으로 하고 있습니다. 모든 학생의 읽기, 쓰기, 셈하기 등 최소한의 성취기준을 충족시키기 위한 기초학력 보장법은 코로나로 발생한 학습 결손을 해소하는 데 중요한 역할을 할 것으로 기대됩니다.

2022 개정 교육과정에서는 기초 문해력 강화를 위해서 초등학교 1~2학년의 한글 익힘 시간을 기존 448시간에서 482시간으로 34시간을 증대하고 기초 수리력 함양을 위해서 학습 수준과 범위를 조정하였습니다.

학교 현장에서도 3R's 역량이 떨어지는 학생들을 위해 다양한 기초학력 보장 프로그램을 마련하여 학생들을 돕고 있습니다. 기초학력 진단·보정 시스템을 통해 학습 부진 학생 및 기초학력 경계선상에 있는 학생들의 기초학력 향상을 위하여 기초학력 수준 및 향상 정도를 주기적으로 진단하고, 진단 결과에 따라 맞춤형 보충 학습·지도 자료를 통해 학생들을 지도하도록 돕고 있습니다. 한국교육과정평가원에서 운영하는 국가 수준 기초학력 향상지원사이트인 꾸꾸(KU-CU)(http://www.basics.re.kr)는 학력 향상 중점학교와 일반 학교 모두 학습 부진 학생 지도·지원을 체계적으로 실행할 수 있도록 다양한 진단 도구, 보정 학습자료, 관리 및 지원 프로그램을 제공하고 있습니다.

[그림 1-51] 기초학력 향상지원사이트 꾸꾸

2. 미디어 리터러시

　요즘 아이들은 놀이터에서 친구들과 뛰어노는 대신 스마트폰과 가까워졌습니다. 친구들과 만나서 각자의 스마트폰으로 게임을 하면서 서로 놀고 있다고 표현하는 아이들도 많습니다. 게임뿐 아니라 유튜브나 틱톡과 같은 동영상 플랫폼에 익숙하고 많은 OTT 서비스를 사용하고 있습니다. 아이들은 미디어가 친한 친구와 같습니다.

[그림 1-52] 미디어에 친숙한 어린이

학생들이 미디어에 친숙해지면서 미디어 소비자의 위치에서 직접 동영상을 제작하고 참여하는 능동적인 생산자로 변화하는 추세입니다. 학생들의 장래 희망에 유튜버 크리에이터가 상위권을 차지하고 있고, 실제로 유튜브 채널을 운영하는 학생들도 많아지고 있습니다. 또한 COVID-19 팬데믹으로 비대면 환경이 조성되고 원격교육을 포함한 온라인 교육이 활성화되면서 디지털 미디어를 사용하는 시간이 증가하게 되었습니다.

이렇게 미디어를 많이 사용하는 아이들에게 중요한 역량으로 떠오른 것이 미디어 리터러시입니다. 미디어 리터러시란 '미디어(Media)'와 '리터러시(Literacy)'의 합성어로 미디어에 접근할 수 있고 미디어 작동원리를 이해하며, 미디어를 비판하는 역량, 미디어를 적절하게 생산·활용할 수 있는 역량이라고 할 수 있습니다.[7] 즉, 사람들이 신문, 방송, 인터넷, 유튜브 등의 미디어에 접속하여 보고 정보를 얻는 능력뿐 아니라 미디어가 주는 메시지를 비판적으로 해석하고 수용할 수 있는 능력, 미디어 콘텐츠를 제작하고 활용할 수 있는 역량을 의미합니다.

그런데 미디어를 많이 사용하면서 문제점들이 드러나고 있습니다. 디지털 미디어 시대에 발생하는 문제 중 디지털 격차로 인한 불평등과 양극화 문제가 크게 대두되고 있습니다. COVID-19로 인한 사회적 거리두기와 비대면에 대한 강제는 디지털 활용과 디지털 전환을 가속시켰습니다. 디지털 활용은 이제 선택의 수준을 넘어 필수의 영역으로 전환되었습니다.

자녀의 디지털 기기 보유와 소프트웨어 활용 능력 수준이 부모의 사회경제적 지위에 따라 크게 영향을 받는다고 조사되었습니다. 학생들이 원격수업을 원활하게 받는 데 필요한 디지털 기기 활용 숙련도 또한 부모의 경제 수준과 교육 수준이 낮을수록

---

7) 관계부처 합동. (2020). 디지털 미디어 소통역량 강화 종합계획(안). p7.

떨어지는 것으로 나타났습니다. 이렇게 디지털 미디어를 이용한 정보 습득과 활용의 격차가 불러온 디지털 격차는 사회 활동의 기회와 경제적 이득의 격차로 확대될 수 있습니다. 디지털 장비 구비와 이를 활용한 미디어 활용 능력의 차이는 소득과 경쟁력, 경제력의 양극화로 이어지게 됩니다.

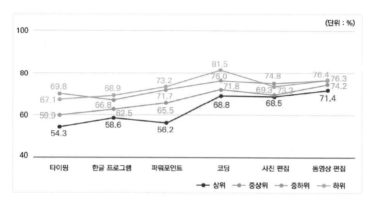

[그림 1-53] 컴퓨터 자판 타이핑 능력 및 소프트웨어 활용 능력: 경제 수준에 따른 디지털 격차8)

또한 인터넷과 SNS로 인해 허위정보를 생산하거나 유포하는 경우가 많이 발생하고 사이버폭력, 혐오 표현, 사생활 침해 등 디지털 위험(digital risk)도 증가하고 있습니다. COVID-19의 영향으로 미디어로 세상과 접촉하는 청소년이 증가함에 따라 각종 범죄에 노출되고, 범죄의 직접적인 영향을 받기 쉬워졌습니다.

학생들이 디지털 격차로 인한 차별 없이 디지털 환경의 기회와 혜택을 누리게 하고, 허위정보, 사이버폭력, 디지털 성범죄, 온라인 혐오 등 각종 위험에 대해 올바로 이해하고 자신을 스스로 보호할 힘을 기를 수 있도록 도와야 합니다.

8) 배상률·이창호·이정림. (2020). 청소년 미디어 이용 실태 및 대상별 정책대응방안 연구 I: 초등학생, 한국청소년정책연구원. p172.

비대면 시대에 어느 사람도 소외되지 않고 미디어를 통해 올바르게 소통하고, 함께 살아가는 디지털공동체를 만들기 위해 미디어 리터러시 교육이 필요합니다. 디지털 미디어 환경의 위험과 기회에 대한 학생들의 이해와 대처 능력에 차별이 없도록 학교 교육과정에 미디어 리터러시를 구체적으로 반영해야 합니다.

2022 개정 교육과정에서도 미디어 리터러시를 강조하고 있습니다. 학생들이 접할 수 있는 매체가 넘쳐나고 있는 게 현실입니다. 이런 매체의 홍수 속에서 학생들이 미디어를 제대로 활용하고, 비판적 사고 능력을 키울 수 있도록 미디어 리터러시에 관한 수업이 강화될 예정입니다. 특히 고등학교 국어과 과목에는 '매체' 과목이 신설되고 선택과목으로 '문학과 영상', '매체 의사소통' 등의 과목을 신설하여 수강할 수 있습니다.

수업에서 다양한 콘텐츠를 활용할 수 있도록 미디어 리터러시 관련 수업 교구 및 자료가 필요하며, 이러한 미디어 리터러시 교육 자료들을 미디어 리터러시 교육에 관심 있는 사람들이 손쉽게 공유할 수 있는 플랫폼의 개설이 필요해 보였습니다.

미디어 리터러시 교육은 사람들이 미디어 메시지를 비판적으로 분석하고 평가하는 데 필요한 기술을 개발하는 데 도움이 되는 방식으로 가르쳐야 합니다. 여기에는 미디어의 편견, 선전 및 허위정보를 식별하는 방법과 정보를 사실 확인하고 대안적 관점을 찾는 방법을 배우는 게 포함될 수 있습니다. 미디어 리터러시 교육에 대한 한 가지 효과적인 접근 방식은 교실 수업과 실습 활동을 결합하여 사용하는 것입니다. 예를 들어, 교사는 학생들에게 특정 미디어에 사용된 언어와 이미지를 분석하는 방법을 보여준 다음 스스로 다른 미디어 텍스트를 분석하여 이러한 기술을 연습하게 할 수 있습니다.

또한 학생들에게 뉴스 기사, TV 프로그램, 영화, 소셜 미디어를 포함한 다양한 미디어에 대한 액세스를 제공하여 다양한 유형의 미디어 분석을 연습할 수 있도록 하는 것이 도움이 될 수 있습니다. 토론과 토론을 교실에 통합하면 학생들이 미디어에 대해 비판적으로 생각하고 존중하는 방식으로 자신의 의견을 표현하는 방법을 배우는 데 도움이 될 수 있습니다.

전반적으로 가장 중요한 것은 학생들이 적극적이고 정보에 입각한 미디어 소비자가 될 수 있도록 미디어 리터러시를 가르치는 것입니다. 자신의 스마트폰으로 촬영하고 간단하게 동영상을 제작할 수 있는 프로그램들이 많아서 미디어 교육을 받아 수업에 활용하기가 쉽습니다.

[그림 1-54] 국어 시간 미디어를 제작한 사례

이제는 미디어에 노출되는 청소년들을 걱정하고 미디어 사용을 제한하려는 접근이 아니라 적극적으로 미디어에 대한 비판적 사고력을 길러주고 창조적으로 미디어 콘텐츠를 제작하고 활용할 수 있는 능동적인 프로슈머(prosumer)로 성장할 수 있도록 도와야 합니다.

3. 인공지능(AI) 리터러시

위키백과에서는 인공지능(AI, Artificial Intelligence)을 인간의 학습 능력, 추론 능력, 지각 능력과 같은 인지적 능력을 인공적으로 구현한 컴퓨터 시스템으로 정의하고 있습니다. 즉, 기계가 인간처럼 생각하고 학습하여 판단할 수 있는 능력을 갖춘 것을 의미합니다.

인공지능은 인간의 여가, 산업, 의료, 예술, 금융, 복지 등의 분야에 활용되어 인간 이상의 능력을 발휘하며 많은 문제를 해결하고 있습니다. 예를 들어 인공지능 왓슨은 암을 진단하는 데 활용하고 있고 인공지능 로봇은 공장의 생산에 투입되어 각종 센서로 데이터를 받아들이고 스스로 판단하고 행동하면서 단순하고 반복적인 업무들과 힘들고 위험한 일을 맡아 처리하고 있습니다. 그림을 그리거나 작곡하며 악기를 연주하는 예술 분야에서 활약하는 인공지능들이 이미 상용화되어 사용되고 있습니다. 또한 스마트폰 비서와 인공지능 스피커가 생활의 편리함을 증대시켜 줄 뿐 아니라 노인의 말동무가 되어주고 아이들의 선생님이 되어주기도 합니다. 넷플릭스나 페이스북에서 영화나 친구를 추천해주는 추천 시스템, 인터넷에서 자주 볼 수 있는 챗봇 등 우리 생활에 가깝게 활용되는 인공지능들도 있습니다. 이미 우리는 인공지능 시대를 살아가고 있습니다.

우리의 아이들이 성장하여 직업을 가질 때가 되면 어떤 일을 하든 인공지능이 적용되지 않은 것이 없을 것입니다. 우리 아이들에게 인공지능에 대한 개념을 알고 활용할 수 있는 능력이 없다면 미래사회에서 도태될 가능성이 커질 것입니다. 따라서 인공지능과 함께 살아갈 아이들에게 절대적으로 필요한 역량이 인공지능 리터러시입니다.

인공지능(AI) 리터러시는 인공지능 기술이 발전하면서 생겨난 개념으로, 인공지능 기술을 효과적으로 이해하고 사용할 수 있는 능력을 의미합니다. 여기에는 AI 시스템의 작동 방식과 AI 솔루션을 개발하고 구현하는 기술뿐만 아니라 문제를 해결하는 데 사용할 수 있는 방법에 대한 이해가 포함됩니다.

인공지능 리터러시는 의료에서 교육, 쇼핑과 엔터테인먼트에 이르기까지 우리 삶의 여러 측면에서 점점 더 보편화되고 있어서 아주 중요합니다. AI에 대한 기본적인 이해가 있으면 정보에 입각한 결정을 내릴 때 도움이 될 수 있습니다. 인공지능 리터러시는 인공지능 개념과 기술에 대한 이해와 지식을 의미합니다. 여기에는 인공지능의 작동 방식, 잠재력과 한계, 사용의 윤리적 및 사회적 의미에 대한 이해가 포함됩니다. 인공지능이 점점 더 많은 애플리케이션과 산업에서 사용되고 있고 일상생활에 더 많이 활용됨에 따라 인공지능 리터러시가 점점 더 중요해지고 있습니다.

교육에서도 인공지능 리터러시를 키우기 위해 현재의 컴퓨팅 사고력과 소프트웨어 교육 역량을 기반으로 인공지능의 기능을 적용하여 창의적인 산출물을 만들기 위해 노력하고 있습니다.

인공지능 교육의 유형은 크게 인공지능 이해 교육, 인공지능 활용 교육, 인공지능 개발교육으로 나눌 수 있습니다. 인공지능 이해 교육은 인공지능 용어, 지식, 개념, 원리, 법칙, 알고리즘 등에 대해 학습하여 인공지능의 원리와 인공지능 자체를 이해하는 학습입니다. 이론과 실습으로 인공지능의 지식과 기능을 갖추는 데 중점을 둡니다. 인공지능 활용 교육은 자신과 생활에서 주어진 문제를 해결하기 위해 인공지능을 활용하는 내용과 방법을 다룹니다. 인공지능의 작동원리에 대해 잘 몰라도 인공지능 툴을 사용하여 학습에 적용하고 도움을 받는 것에 관심을 둡니다. 이론적인 부분보다는 기능적이고 실용적인 내용을 중점적으로 다룹니다. 이미 개발된 다양한 인공지능 기술을 활용하여 교과의 문제를 해결하면서 교과에 흥미를 느끼고 학습자의 역량을 강화합니다. 인공지능 개발교육은 인공지능을 만드는 교육입니다. 인공지능의 알고리즘, 머신러닝 및 딥러닝 등을 적용한 인공지능을 만들 수 있도록 설계, 개발, 시험해보는 분야라 할 수 있습니다.

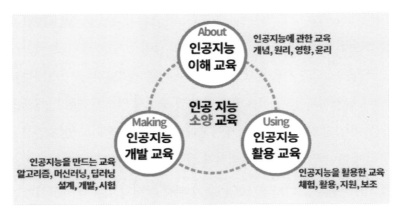

[그림 1-55] 인공지능 교육의 요소9)

학교 현장에서 학생들을 지도하며 인공지능교육의 다양한 유형이 학생들의 단계에 맞추어 모두 필요하다는 생각이 듭니다. 그러나 현재 학생들과 교사들의 역량을 고려해 볼 때 인공지능 자체에 대한 이해와 깊이 있는 융합 교육에 앞서서, 이미 개발되어 있고 쉽게 사용할 수 있는 인공지능을 교과와 학습에 활용하는 인공지능 활용 교육을 통해 인공지능 리터러시를 길러주는 것이 현실적이고 효과적입니다. 인공지능과 함께 살아갈 학생들은 인공지능을 활용하면서 문제를 해결하고 인공지능과 협업할 수 있는 경험을 갖게 해주는 것이 중요합니다.

9) 서울시 교육청. (2021). 인공지능(AI) 기반 융합 혁신미래교육 중장기 발전계획. p6.

[그림 1-56] 오토드로우로 표현하기

　학교 현장에서 인공지능 리터러시를 길러줄 수 있는 활동을 소개합니다. 구글 오토드로우(AutoDraw)라는 인공지능 도구는 아이들의 낙서와 같은 그림을 인공지능이 인지하고 추측하여 추천 그림을 제안하는 도구입니다. 이런 도구를 이용하면 학생들은 그리기 능력에 제한받지 않고 생각을 자유롭게 표현할 수 있으며 이러한 그림들을 자기소개하기, 마을 지도 그리기, 놀이터 안전 수칙 만들기, 환경 포스터 제작하기 등 이미지를 활용하는 학습에 다양하게 사용할 수 있습니다.

　또한 네컷만화와 같은 인공지능 웹툰 제작 도구를 이용하여 캐릭터와 배경을 선택하고 텍스트를 넣어주면 텍스트에 따라 캐릭터의 표정, 동작 등을 인공지능이 추천하여 누구나 쉽게 웹툰을 제작할 수 있습니다. 이런 도구를 이용하면 어린 학생들도 만화로 자기 생각을 자유롭게 표현할 수 있습니다. 인공지능 만화 그리기 도구가 읽은 책 소개하기, 감상문 쓰기, 생활에서 경험한 것 표현하기, 생활의 불편함을 개선하는 아이디어 내기 등 만화로 생각을 표현하는 학습에 활용할 수 있습니다.

[그림 1-57] 네컷만화로 표현하기

　　구글의 티처블 머신(Teachable Machine)은 전문적인 지식 없이 초등학생도 머신
러닝의 과정을 경험할 수 있는 플랫폼입니다. 코딩 없이 머신러닝 모델을 쉽고 빠르
게 만들 수 있도록 제작된 웹 기반 도구입니다. 이미지와 소리, 자세를 분류하는 머신
러닝을 통해서 다양한 분류 인공지능을 제작할 수 있습니다. 마스크를 쓴 사람과 쓰
지 않은 사람을 분류한다든지, 색을 분류할 수 있습니다. 또한 다양한 모양 분류, 동식
물 분류, 암석분류, 다양한 소리(높은 소리와 낮은 소리, 큰 소리와 작은 소리)와 자세
를 분류하는 활동을 간단한 클릭 몇 번으로 가능하게 할 수 있습니다. 인공지능이 데
이터를 제공하면 어떻게 분류 활동을 할 수 있는지 머신러닝 중 지도학습을 실습으로
이해할 수 있습니다.

[그림 1-58] 티처블 머신으로 퇴적암 분류하기

AI for Oceans(바다 환경을 위한 AI)와 같은 도구는 인공지능에 대한 이해, 머신러 닝, 생태환경교육과 함께 인공지능 윤리까지 교육할 수 있는 도구입니다. 인공지능 머신러닝 과정에서 생기는 다양한 문제를 해결하면서 데이터의 중요성을 학습하고 인공지능을 어디까지 활용해야 할지 고민하고 토론에 활용할 수 있습니다.

[그림 1-59] AI for Oceans 학습 활동

인공지능 리터러시를 길러주기 위해 인공지능 활용 수업을 할 때 중요한 것은 적절한 인공지능 도구를 선택하는 것입니다. 인공지능 도구를 선택할 때 무엇보다 사용 방법이 쉬워야 합니다. 학생들은 아무리 좋은 도구라고 하더라도 사용 방법이 복잡하거나 어려우면 도구 사용 방법을 안내하다가 수업 시간을 허비할 수 있습니다. 또한 아주 쉽고 간단해서 학생들이 큰 도움 없이도 활용할 수 있는 도구를 선택하는 것이 필요합니다.

그리고 가능한 회원가입이 필요 없이 쉽게 사용하면 좋습니다. 학생들이 회원가입을 하고 로그인을 하게 되면 회원가입을 하는 것 자체가 매우 힘들 뿐 아니라 나중에 아이디, 비밀번호를 잊어버려서 사용하기 어려운 경우가 많습니다. 도구 역시 한 번 사용하고 끝나는 도구보다는 확장성이 있어 다양한 교과에 활용될 수 있는 도구, 지속해서 사용할 수 있는 도구가 좋습니다.

우리 주위에는 정말 좋은 인공지능 도구들이 많습니다. 교사들의 전문성은 인공지능 도구를 개발하는 것이 아니라 이 도구들을 수업에 적용하여 학생들에게 의미 있는 교육 경험을 제공하는 것입니다. 이런 경험을 통해 학생들은 인공지능을 활용하여 자신이 하는 일에 도움을 받게 될 뿐 아니라 인공지능과 더불어 살아가는 방법을 배우게 될 것입니다.

4. 디지털 리터러시(Digital Literacy)

COVID-19는 디지털 전환(Digital Transformation, DX)의 촉매제 역할을 하였습니다. 디지털 전환은 이제 선택의 문제가 아니라 생존의 전략으로 자리 잡았습니다. 디지털 전환은 현재와 미래의 역할을 담당하고 있습니다. 디지털 전환 시대를 살아갈 아이들을 어떻게 교육해야 할 것인가가 매우 중요한 문제입니다.

세대를 특징별로 구분할 때 2010년 이후 출생한 세대를 '알파 세대'라고 이야기하면서 '디지털 네이티브(Digital Native)'를 가장 큰 특징으로 꼽습니다. 디지털 네이티브는 번역하면 디지털 원어민인데, 컴퓨터, 스마트폰, 인터넷 등과 같은 디지털 기기에 둘러싸여 성장하여 디지털 기기를 자유자재로 이용하는 세대를 의미합니다.

"19세기 교실에서 20세기 교사가 21세기 학생을 가르친다"라는 문구가 있습니다. 학교 교실의 환경과 변화하는 시대에 맞는 교육법의 필요를 표현한 것입니다. 그런데 요즘은 상황이 바뀌어 가고 있는 것 같습니다. 학교에 지능형 과학실이 구축되고, 교실마다 와이파이가 연결되며, 태블릿과 노트북이 갖춰져 있는 학교가 많습니다. 환경은 이렇게 변화하는데 학생들에게 적절한 디지털 소양을 길러주지 못하는 문제가 발생하기도 합니다. 21세기 교실에서 20세기 선생님들이 19세기 방법으로 학생들을 가르치는 경우가 발생하고 있습니다.

『사피엔스』의 저자 유발 하라리가 우리나라를 방문했을 때 "현재 학교에서 아이들에게 가르치는 내용의 80~90%는 이 아이들이 40대가 됐을 때 전혀 쓸모없을 확률이 높다. 어쩌면 지금 아이들은 선생님이나 연장자에게 배운 교육 내용으로 여생을 준비하는 게 불가능한 역사상 첫 세대가 될지 모른다"라고 말하였습니다.

이런 일이 이루어지지 않도록 디지털 리터러시를 향상하는 교육이 시대적 요구입니다. 디지털 리터러시는 무엇일까요? 디지털 시대에 필수적으로 요구되는 정보 이해 및 표현 능력입니다. 다양한 디지털 미디어를 접하면서 명확한 정보를 찾고 이해하며 생산할 수 있는 개인의 능력을 의미합니다.

[그림 1-60] 초등학교 3학년 사회-디지털 활용 교육 사례

　　디지털 리터러시는 디지털 콘텐츠에 대한 이해와 활용 능력, 디지털 기술과 미디어를 비판적으로 수용하는 것, 디지털 도구와 기술을 활용하는 것 모두를 포함합니다. 단순히 컴퓨터와 인터넷, 다양한 프로그램을 사용하는 것에 그치는 않고 디지털 도구를 사용하여 의사소통하고, 콘텐츠를 주도적으로 생산하며, 공유하는 방법을 배우는 것을 의미합니다.

　　이러한 문제의식 속에서 2022 개정 교육과정에는 주요 개정 방향 중 하나로 미래 사회에 대응할 수 있는 능력과 소양 함양이 가능한 교육과정 마련이 포함됐습니다. 이를 위해 모든 학습의 기반이 되는 기초소양인 언어 소양, 수리 소양, 디지털 소양을 길러내도록 모든 교과 교육과정을 통해 강조하였습니다. 전통적으로 언어 소양과 수리 소양을 기초소양으로 강조하였었는데 디지털 소양을 기초소양에 포함한 것입니다. 그래서 2022 개정 교육과정에서 초중고 디지털 리터러시 수업을 강화하도록 하였습니다. 정보교육은 현행의 소프트웨어 교육을 바탕으로 인공지능·빅데이터 등 첨단 디지털 혁신 기술을 이해하고 활용할 수 있도록 초·중학교 정보 수업 시수를 확대하였습니다. 초등학교 실과에서 17시간 배정되었던 것이 34시간 이상으로, 중학교 정보에서 34시간 배정되었던 것을 68시간 이상 배정하도록 하였습니다.

[그림 1-61] 디지털 활용 교육 활동 사례

그리고 디지털 리터러시는 교과 시간에 국한하지 않고 모든 시간에 자연스럽게 활용되는 것이 중요합니다. 디지털 도구를 자유자재로 수업에 활용하여 교육하면서 자연스럽게 디지털 리터러시가 향상되도록 해야 합니다. 예를 들어 예전에 손으로 그림을 그려서 자기 생각을 표현하였다면 오토드로우 같은 디지털 도구를 활용해서 쉽게 그림을 그리고 다른 사람과 공유할 수 있습니다. 또는 학급 신문이나 환경 신문 등을 구글 사이트나 구글 슬라이드로 제작하여 공유할 수도 있습니다.

　물론 모든 활동을 디지털 도구를 활용하는 게 반드시 효과적이거나 바람직하지는 않지만, 디지털 도구를 사용하여 정보를 얻고 평가하여 새로운 정보를 생성하고 공유하는 경험은 미래사회를 살아갈 학생들에게 의미 있는 교육이 될 것입니다.

[그림 1-62] 태블릿으로 자료를 검색하고 제작하는 학생들

　앞으로 우리가 살아갈 시대는 디지털 전환에 따른 산업 및 사회변화와 감염병 확산, 기상이변과 기후환경 변화 등으로 예측하기 힘든 사회입니다. 교육 환경이 어떻게 변화할지 아무도 예상할 수 없지만, 미래사회의 변화에 대응할 수 있는 역량을 키울 수 있도록 미래 교육에 관심을 두고 실천하는 학교 현장이 되어야 합니다.

학교의
디지털 전환

온라인으로 관리하는
학습 시스템

COVID-19 확산으로 시작된 교실의 디지털 전환은 수업뿐만 아니라 학생들의 학습관리도 온라인으로 진화하게 했습니다. 원격으로 수업이 진행되면서 교육현장에서 온라인 학습관리시스템이 필요하게 되었고, 온라인 수업 관리 노하우가 학교에서 학교로 널리 퍼졌습니다. 온라인 학습관리시스템은 개별적인 관리가 가능하며 학습자 개개인에게 교사가 피드백을 줄 수 있고, 시간과 공간의 제약이 없어서 학생들이 교실이라는 같은 장소에 모이지 못하는 상황에서 적극적으로 활용되었습니다. 이러한 장점으로 전면 등교로 교실 수업이 이루어지는 현재 상황에서도 여러 가지 활용 가치가 있습니다.

학교 현장에서 활용할 수 있는 온라인 학습관리시스템으로 마이크로소프트 팀즈(Microsoft Teams)와 구글 클래스룸을 소개하겠습니다. 다른 플랫폼들도 있으나 우리나라 대부분의 시도 교육청과 업무 협약을 맺거나 기업에서 무료로 배포한 플랫폼으로 대표적인 것이 이 두 가지 플랫폼입니다.

오프라인 교실 환경에서 학생들에게 과제를 제시하고 학생들의 학습 결과물을 취합하여 평가하고 환류(feedback)하던 모든 것들을 디지털화하여 언제, 어디서나 관리할 수 있는 학습관리시스템은 교실의 디지털 전환 사례라고 할 수 있습니다.

1. 마이크로소프트 팀즈

마이크로소프트 팀즈(이하 팀즈)는 마이크로소프트사가 자사의 마이크로소프트 365 계열 제품의 일부로서 개발한 비즈니스 커뮤니케이션 플랫폼이지만 교육용 계정으로 접속하여 다양한 학습관리가 가능합니다. 각 시도 교육청과의 업무 협약으로 부여받은 계정을 이용하여 접속하면 온라인 수업, 과제, 공지, 화상 수업 등으로 활용할 수 있습니다. 일회성 수업을 목적으로 사용하기에는 팀 추가 과정이 번거롭고 채팅, 파일 저장소와 같이 불필요한 기능이 많지만 정규 수업에서 지속해서 활용할 때는 단순한 화상회의 플랫폼보다 편리하게 사용할 수 있습니다. 특히 문서 작업이 필요한 경우에는 파워포인트나 워드, 엑셀 등 오피스 제품군을 사용할 수 있어 매우 편리합니다.

[그림 2-1] 마이크로소프트 팀즈 메인화면

팀즈를 사용하기 위해서는 교육용 계정이 필요합니다. 교육용 계정은 마이크로소프트사와 시도 교육청의 업무 협약을 맺은 절차에 따라 처리하면 받을 수 있습니다. 시도 교육청 계정 부여 사이트에 접속하여 회원 가입 버튼을 눌러 개인정보 수집 및 이용에 동의하고 휴대폰 인증 후 공문으로 받은 가입 인증 코드를 입력하여 회원에 가입해야 합니다.

교육용 계정을 부여받은 후에는 상단 주소창에 https://office.com/로 접속하여 교육용 계정으로 로그인합니다. 웹 화면에서는 다양한 오피스 프로그램을 볼 수 있는데 별도의 설치 없이 웹에서도 해당 프로그램을 사용할 수 있습니다. 팀즈를 사용하기 위해서는 화면에서 팀즈 아이콘을 클릭하여 바로 사용하거나 드롭다운 메뉴에서 프로그램을 다운로드 및 설치하여 사용할 수도 있습니다.

[그림 2-2] 팀즈 대화 화면

학급을 만들기 위해서는 팀즈를 실행한 후 팀 참가 또는 만들기 버튼을 누르기만 하면 됩니다. 이때 팀 유형을 설정해야 하는데, 학생들과의 수업이 목적인 경우 수업 유형을 선택하는 곳이 좋습니다. 학생 계정이 있다면 학급을 만들면서 학생을 초대할 수 있습니다. 첫 화면의 대화창에서는 학생들과 실시간으로 대화를 나눌 수 있으며, 학생들의 대화에 대하여 댓글을 다는 것과 같은 형식으로 피드백을 줄 수 있습니다.

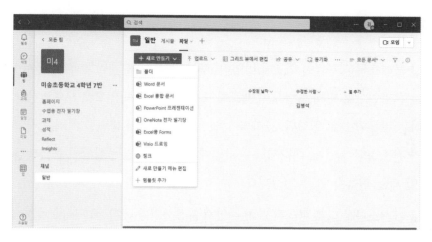

[그림 2-3] 팀즈 메뉴

상단의 파일 탭에서는 학급에서 활용할 수업자료 파일을 보관할 수 있습니다. 단순히 파일을 올려두는 것뿐만 아니라 엑셀, 파워포인트, 워드 등과 같은 협업 도구를 생성하여 활용할 수도 있습니다. 상단 메뉴에서 +버튼을 눌러 탭을 추가할 수 있는데 여기서 추가하는 탭은 학생들도 볼 수 있습니다. 하나하나의 탭이 수업 활동이 되는 것입니다.

좌측의 과제 메뉴에 들어가 만들기 버튼을 눌러 과제를 생성할 수 있으며 학생들이 과제를 수행하기 위한 다양한 자료를 제공할 수도 있습니다. 과제를 생성하면 해당 과제를 학생들이 제출하였는지 확인하여 개인별로 피드백을 해줄 수 있습니다. 평가 루브릭에 따라 평가하거나 점수 기준에 따라 채점하여 학생들에게 반환하면 학생들은 교사가 부여한 점수나 코멘트를 확인할 수 있습니다.

2. 구글 클래스룸

　구글 클래스룸은 구글이 학교나 비영리 교육기관을 위해 개발한 무료 웹 서비스로 교사는 온라인으로 과제를 만들어 배포하고 학생들은 온라인으로 부여받은 과제를 수행하는 것을 목표로 합니다. 교사와 학생 사이의 수업과 관련한 처리 절차와 파일 공유가 간소화되어 언제, 어디서나 온라인에 접속할 수 있는 상황이면 과제를 생성 배포 및 제출, 환류를 할 수 있습니다.

　구글 클래스룸을 더욱 편리하고 여유 있게 활용하기 위해서는 G Suite 계정이 필요합니다. 교육용으로 활용할 때는 무료로 무제한의 공유 드라이브를 사용할 수 있습니다. 구글과 업무 협약을 맺은 시도 교육청의 담당자에게 계정 신청을 하면 발급받을 수 있습니다. 구글 G Suite 계정을 발급받은 후에는 구글 크롬 브라우저를 실행하고 구글 클래스룸을 검색하여 해당 사이트로 접속 후 교육청 계정으로 로그인하거나 구글에서 교육청 계정으로 로그인한 후 화면 우측 상단의 사용자 계정표시 왼쪽 9점 메뉴를 클릭하여 클래스룸 메뉴로 접속하는 방법이 있습니다.

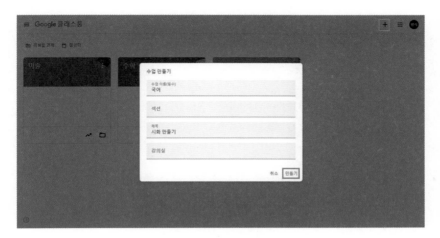

[그림 2-4] 구글 클래스룸 수업 만들기

우측 상단의 +버튼을 눌러 수업 만들기를 선택합니다. 수업 참여하기는 학생들이 수업 코드를 입력하여서 참여할 때 선택합니다. 수업 정보창에 수업 이름 및 단원명 등을 입력하고 만들기 버튼을 눌러 수업을 생성합니다. 과목별, 학급별, 학년별로 학급을 만들어 활용할 수 있으며 생성한 학급 정보를 수정하려면 메인화면의 학급목록에서 3점 메뉴를 클릭하여 수정하거나 복사할 수 있습니다. 클래스룸을 폐쇄하면 학급은 좌측 상단 삼선 메뉴의 '보관 처리된 수업'에 저장되며 추후 필요한 경우에는 복원할 수도 있습니다.

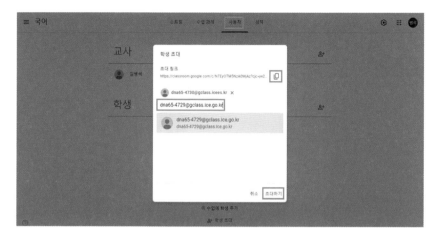

[그림 2-5] 학생 초대 방법

　학생들을 수업에 초대하려면 상단의 사용자 탭에서 학생 초대를 눌러 학생 계정을 입력하여 초대하거나 초대 링크를 발송하여 학생들이 링크를 통해 학급으로 접속하는 방법이 있습니다. 또한 학급의 메인화면에서는 수업 코드를 볼 수 있는데 학생들이 클래스룸에 접속할 때 학급 참여하기 버튼을 통해 수업 코드를 입력하여 접속할 수 있습니다. 구글 클래스룸에서는 수업으로 표현하였지만, 지금까지의 과정은 오히려 학급을 생성하고 학급에 학생을 초대한 것으로 이해하는 것이 좋습니다.

[그림 2-6] 주제와 자료 추가

본격적으로 수업을 하려면 먼저 주제를 추가해야 합니다. 클래스룸의 메인화면에서 상단의 수업 과제 탭을 클릭하고 +만들기 버튼을 눌러 주제를 추가합니다. 전면 온라인 수업에 활용한다면 주제를 날짜별로 생성하여 그날의 학습 자료와 과제를 제시하는 것이 편리하겠지만, 교실 수업에 활용할 때는 주제를 단원별로 생성하는 것이 좋습니다. 최근에 생성된 주제가 상단으로 배치되므로 미리 주제를 제시하기보다는 학습 진도에 맞추어 그때그때 생성하는 것이 좋습니다. 여기에서는 교실 수업 상황을 가정하여 단원명으로 주제를 생성하였습니다. 주제를 생성하면 좌측에 주제명(단원명)이 표시된 것을 볼 수 있습니다.

다음으로 학생들의 학습에 도움이 될 만한 자료를 추가합니다. 주제를 추가할 때와 같은 방법으로 +만들기 버튼을 누른 후 자료를 선택합니다. 학생들에게 제공할 수 있는 자료는 디지털 파일이나 링크 등 거의 모든 형식이 가능합니다. 자신의 구글 드라이브에서 파일을 삽입할 수 있고, 유튜브 자료를 링크로 제공할 수도 있습니다. 만들기 버튼을 누르면 구글 문서나 슬라이드, 스프레드시트와 그림, 설문지 등 구글에서 제공하는 협업 도구를 첨부할 수도 있습니다. 또한 교사의 개인 파일을 업로드하여 공유할 수 있으며 외부 사이트의 주소를 링크로 공유할 수도 있습니다. 다만 이렇게 생성된 자료는 블록의 형태로 최상단에 위치하게 되므로 이 블록을 드래그하여 원하는 위치로 배치할 필요가 있습니다.

[그림 2-7] 과제 만들기

과제를 제시하는 방법도 자료를 제공하는 방법과 거의 같습니다. +만들기 버튼을 누른 후 과제 메뉴를 선택합니다. 제목을 입력하고 과제와 관련한 문서를 첨부합니다. 여기에서는 학생들이 시화를 만들어야 하므로 구글 슬라이드를 이용하였습니다. +만들기에서 Slides를 선택한 후 학생들이 제출할 파일의 양식을 만들어 줍니다. 파일의 제목을 '시화'로 변경하여 줍니다. 학생들이 과제를 여는 권한을 부여해야 하는데 학생들이 작성해야 하므로 학생별로 사본 제공으로 선택을 한 후 과제 만들기 버튼을 눌러 과제를 만들어 줍니다.

학생들은 구글 클래스룸에 접속하여 교사가 제시한 자료를 참고할 수 있으며 과제를 해결하여 제출할 수도 있습니다.

학생들의 학습관리가 디지털로 전환되면서 학습자 개개인의 수업 산출물들이 자동으로 포트폴리오화 되어 개인별 피드백이 가능해진 것은 가장 큰 장점입니다. 그뿐만 아니라 학생들이 교사가 제공하는 다양한 학습 자료를 통하여 자기 주도적 학습을 할 수 있으며 다른 친구들과의 협업을 통해 함께 성장하는 기회도 가질 수 있게 되었습니다. 교실 수업에서도 온라인 학습관리 시스템은 활용이 될 만한 가치가 있습니다.

온라인 교실에서 수업하는
온라인 클래스

COVID-19는 우리나라 교육 현장의 모습을 완전히 바꿔 놓았습니다. 2020년 시작된 COVID-19의 확산은 사상 초유의 온라인 개학과 전면 원격 수업을 출발시켰습니다. 사실 원격 수업의 경우 수십 년 뒤에나 실현할 수 있을 것으로 예상되었으나 학생들이 매일 학교에 올 수 없는 상황 때문에 원격 수업이 불가피해졌고, 초반에는 완벽하게 준비되지 않은 상태에서 급히 시작되었습니다. 원격 수업에서 교실을 대체하는 시스템이 꼭 필요했고, 온라인 클래스가 학교 현장에서 적극적으로 사용되었습니다. 매일 등교하는 모이는 현재에도 일시적으로 온라인 수업을 해야 하는 상황일 때, 거꾸로 수업 등 다양한 활동을 할 때, 학생들의 과제나 평가를 위해 사용하기도 합니다.

학교 현장에서 학급 커뮤니티로 사용하는 다양한 플랫폼들이 있으나 과제나 시험, 학습관리를 지원하는 플랫폼으로 대표적인 클래스팅, e학습터, EBS 온라인 클래스의 세 가지를 소개하겠습니다.

오프라인 교실에서 학습을 위해 제공했던 다양한 형태의 자료, 영상, 선생님의 수업 모습, 학습지나 문제지를 디지털화하여 언제, 어디서든 학습할 영상과 자료를 볼 수 있고, 출석과 평가를 할 수 있도록 한 온라인 클래스는 교실의 디지털 전환 사례라고 할 수 있습니다.

1. 클래스팅

클래스팅은 학교와 가정, 교사와 학생·학부모를 연계시킬 수 있는 온라인 클래스입니다. e학습터, EBS 온라인 클래스가 교사와 학생의 수업에 초점을 두었다면, 클래스팅은 학부모도 클래스에 가입하여 수업 내용뿐 아니라 가정통신문 등의 전달 사항을 확인하거나 학교생활을 공유할 수 있는 플랫폼입니다. 모바일과 웹으로 모두 사용이 가능하여서 기기 접근성이 좋습니다.

클래스팅의 학급에서는 게시글과 학급 공지, 출석부, 앨범, 과제, 비밀상담실 등을 운영할 수 있습니다. 사진이나 영상, 유튜브 링크 등을 삽입한 게시글을 작성하여 학생들에게 다양한 방식으로 전달 사항을 안내할 수 있습니다.

[그림 2-8] 클래스팅 게시글 작성 사례

다만 아쉬운 점은 교사가 작성한 글을 학생이 보았는지 확인할 수 없어서 게시물을 확인한 학생은 댓글이나 빛내기('좋아요'와 같은 기능)를 표시하도록 하는 것이 좋습니다.

실시간 쌍방향 수업을 할 때 Zoom과 연동해 놓으면 별도의 주소를 제공하지 않고 바로 수업에 참여할 수 있습니다. 그리고 출석 기능이 있어서 클래스에 참여한 학생을 확인할 수 있습니다.

클래스팅의 큰 장점은 다양한 평가 문항과 채점, 개인별 맞춤형 학습관리입니다. 출판사별로 제공되는 문제를 사용할 수도 있고 선생님들이 올린 문제를 사용하여 평가 문항을 과제로 제시할 수 있습니다.

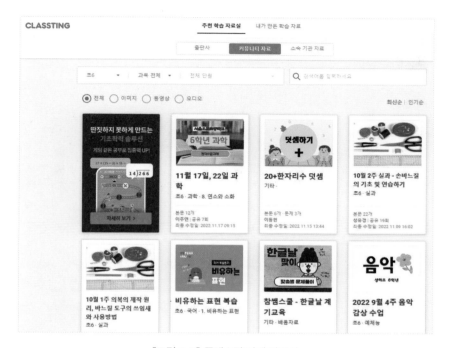

[그림 2-9] 클래스팅 과제 자료실

또한 과제에 대한 채점이 자동으로 이루어져서 채점 시간을 절약할 수 있습니다. 평가 결과도 과제별·학생별로 기록되어 데이터 기반 학급 운영이 가능합니다.

[그림 2-10] 클래스팅 과제 결과

AI 평가를 제공하고 있어서 선생님이 직접 AI를 활용하여 수업 전 진단평가, 수업 후 형성평가를 실시할 수 있습니다. 초등학생에게는 수학, 과학, 사회를, 중학생에게는 수학, 과학 평가를 제공합니다. 학생들의 답안을 실시간으로 분석해 문제의 난이도와 변별력을 조정하고 효과적으로 맞춤형 문제를 추천해 줍니다.

이외에도 구성원들과 클래스톡, 무료전화로 소통할 수 있는 등 다양한 장점이 있지만 사기업에서 만든 플랫폼이어서 스마트폰으로 사용할 때 광고가 함께 나온다는 불편함도 있습니다.

2. e학습터

e학습터는 한국교육학술정보원(KERIS)이 지역 격차 해소 및 사교육비 절감을 위해 만든 온라인 학습 서비스로 17개 시·도 교육청과 함께 운영하고 있습니다. 학생들의 수업을 원활하게 지원하는 교육 서비스 플랫폼이라고 할 수 있습니다. 크게 온라인 수업을 위한 서비스와 수업자료 서비스를 제공합니다. 수업자료는 학습 자료와 평가자료, 기초 국어와 수학, 중학 평가비법 영상과 흥미 유발 영상자료 등이 있습니다.

[그림 2-11] e학습터 홈페이지

e학습터는 디지털교과서와 위두랑을 연동하여 사용할 수 있습니다. 디지털교과서는 초등학교 3학년에서 중학교 3학년까지의 사회, 과학, 영어 교과, 고등학교의 영어,

영어 I, 영어 독해와 작문 교과서를 디지털화한 교과서입니다. 디지털교과서는 기존 종이로 된 교과서에 용어사전, 멀티미디어 자료, 실감형 콘텐츠(AR, VR), 평가 문항, 보충 심화학습 등 다양한 학습 자료를 더해 제공하는 교과서로 교육에서 디지털 전환의 대표적인 사례입니다. 위두랑은 교사가 학급을 개설하여 학생들과 자료를 공유하고 과제 제시, 토론, 모둠 활동 등을 진행할 수 있는 교육용 온라인 커뮤니티 서비스입니다.

[그림 2-12] 디지털교과서 예시

e학습터에서는 학급을 개설해서 온라인 학급을 운영할 수 있습니다. 게시판, 강좌 관리, 학습관리, 과제 관리, 평가 관리가 가능합니다. 강좌 관리를 통해 일자별, 단원별 그리고 과목별로 강좌를 구성하여 학생들에게 제시할 수 있습니다. e학습터에서

제공하는 동영상이나 외부 URL 영상뿐 아니라 e학습터에서 제공하는 교사용 보조 자료나 교사가 직접 제작한 다양한 자료나 퀴즈도 강좌에 추가할 수 있습니다.

[그림 2-13] e학습터 온라인 수업 강좌

또한 학생의 활동 현황을 확인하여 학습 상황을 살펴볼 수도 있습니다. 평가 문항 제작기능과 실시간 화상 수업도 제공하여 다양한 형태의 수업과 평가, 학습관리 등을 할 수 있는 온라인 디지털 클래스입니다.

[그림 2-14] e학습터 학생별 학습현황

3. EBS 온라인 클래스

EBS 온라인 클래스는 국가 재난 상황에서 학습 공백을 방지하고, 학업성취도 제고를 위해 서비스하는 온라인 개학 학교 교육 플랫폼입니다. 전국 초·중·고 및 그 밖의 학교 교사와 학생이 EBS 학습 콘텐츠를 활용하여 학교 수업을 대체할 수 있는 원격 교육 서비스를 제공하여 온라인 및 오프라인 학교 교육을 병행할 수 있는 블렌디드 러닝 환경을 지원합니다.

[그림 2-15] EBS 온라인 클래스 홈페이지

EBS 온라인 클래스는 교사가 학생과 소통하는 온라인 교실을 위해 LMS(학습관리시스템) 및 콘텐츠 관리 기능 지원과 함께 다양한 유형의 강의를 제공합니다. 교사가 온라인으로 클래스를 개설하고 학습 콘텐츠를 공유하여 온라인 수업을 운영함과 동시에 온라인 조종례, 쌍방향 원격 수업, 학습 독려, 출결 관리 등의 기능까지 활용할 수 있습니다.

먼저 교사가 클래스를 개설하고 강의 콘텐츠를 올리면 학생들은 해당하는 클래스에 들어가서 온라인 강의를 들을 수 있습니다. 동영상형, 문서형, 이미지형, 텍스트형,

퀴즈형, 토론형, 설문형, 과제형 등의 다양한 유형의 강의 자료를 제공하여 수업의 내용과 목표에 따라 다양한 형태로 수업을 진행할 수 있습니다. 자신이 직접 제작한 영상을 업로드하거나 EBS 영상, 유튜브 영상을 사용할 수도 있습니다.

[그림 2-16] EBS 온라인 클래스에 개설된 클래스 예시

EBS 온라인 클래스에서는 문제 은행에 등록된 여러 교재, 기출문제를 활용하여 자유롭게 강의를 구성하여 제공할 수 있습니다. 화상 수업으로 실시간 양방향 수업이 가능한데 화상 수업을 개설하는 두 가지 방법이 있습니다. '온클라이브'는 즉석에서 실시간 양방향 수업을 오픈하여 수업할 때 활용합니다. 바로 시작하거나 10분 후, 30분 후, 1시간 후 시작을 설정해서 실시간 양방향 수업을 할 수 있습니다. 쉽게 수업을 개설하여 사용할 수 있는 장점이 있으나, 수강 이력이 남지 않기 때문에 학생들의 출결을 점검하기가 어렵다는 단점도 있습니다. 이에 반해 '화상 수업'은 교사가 원하는 날짜와 시간을 예약하여 실시간 양방향 수업을 할 수 있는 기능으로 수강 이력이 남기 때문에 수업 후 출결을 점검하거나 이어지는 학습활동과 연계할 때 활용할 수 있습니다.

[그림 2-17] EBS 온라인 클래스의 강좌 예시

e학습터와 EBS 온라인 클래스는 국가 공공기관에서 유사한 기능의 온라인 클래스 서비스를 제공한다는 공통점이 있지만 대체로 e학습터에서 제공하는 기본 콘텐츠는 4~7분 정도로 짧아서 초등학생에게 적합하고, EBS 온라인 클래스의 기본 콘텐츠는 15~40분 정도로 길어서 중고등학생에게 적합하다는 평가를 받습니다.

이제 COVID-19에 대한 방역 기준이 완화되고 실내 마스크 사용 의무도 해제되어 교실에서 정상적인 대면 교육과 다양한 수업 활동이 회복되고 있습니다. 위기 상황에서 시작된 온라인 클래스가 대면 수업의 시작과 함께 사라지는 것이 아니라 이제는 교육 혁신의 도구로 활용될 수 있습니다. 블렌디드 러닝, 플립러닝을 지원할 수 있는 시스템으로 온라인 클래스가 활용된다면 강의식으로 진행되는 교육에서 벗어나 다양한 방법으로 교육하는 미래 교육이 실현될 것입니다.

종이 안내장 NO,
온라인 소통 YES

아이들이 학교에 갔다가 돌아오면 책가방에서 안내장을 한가득 꺼내 놓습니다. 안내장을 제대로 가져오지 않거나 책가방 구석에 쓰레기처럼 뭉쳐져 뒤늦게 발견되는 경우도 많습니다. 학교에서 중요한 사항을 안내장으로 가정에 전달하지만 제대로 전달되지 않을 때도 있고, 많은 안내장을 다 읽기도 쉽지 않습니다. 이렇게 많은 안내장이 매일 인쇄되어 전달될 때 드는 시간과 비용, 환경 문제까지 많은 문제를 일으키면서도 정작 효과적인 전달을 하지 못해 안타까워하는 학부모들도 자주 만나게 됩니다.

이런 문제를 보완하고자 학교에서는 홈페이지를 운영하고 홈페이지에 주간학습 안내나 가정통신문, 공지 사항 등의 게시판을 만들어서 학부모에게 온라인으로 안내합니다. 그러나 홈페이지에 따로 접속해서 안내문을 꼼꼼하게 읽어 보기는 쉽지 않습니다.

최근에는 종이에 인쇄된 안내장이 아닌 온라인을 통해 가정과 소통하는 경우가 늘어나고 있습니다. 일방적인 안내사항 전달만이 아니라 가정에서 학교로의 회신이 가능하고 교사와 학생, 학부모 사이에 개별 메시지를 보내거나 통화까지 가능한 플랫폼이 많이 활용되고 있습니다. 종이 안내장의 디지털 전환이 학교와 가정의 활발한 소통을 가능하게 하여 학부모들도 시간과 장소에 구애받지 않는 소통 통로를 얻게 되었습니다.

1. 네이버 밴드

소모임 등에 많이 활용되는 네이버 밴드는 많은 초·중·고등학교에서 학급 운영 도구로도 유용하게 사용되고 있습니다. 게시글, 사진첩, 일정 등을 공유할 수 있고 파일, 출석 체크, 참가 신청서, 투표 등을 첨부할 수 있어서 이러한 기능을 활용하면 네이버 밴드로 원격 수업과 학급 관리, 학부모와 소통할 수 있습니다.

학생들의 수업 활동 모습과 결과물 사진을 게시글로 올리면 학부모들이 댓글로 피드백하기도 하며 참가 신청이 필요한 행사나 활동이 있으면 손쉽게 참가 신청서를 받을 수도 있습니다. 투표 기능을 활용하면 학급에서 결정할 사항에 대해 학부모의 의견을 알아보는 데 유용하게 사용할 수 있습니다. 채팅방을 만들 수도 있고 그룹 콜이나 그룹 영상통화도 할 수 있습니다.

[그림 2-18] 네이버 밴드 학급 운영 사례

2. 카카오톡 단체 채팅방

카카오톡은 우리나라 국민이 가장 많이 사용하는 앱 중 하나입니다. 따라서 학부모들과 소통할 때 가장 손쉽게 접근할 수 있다는 장점이 있습니다. 카카오톡은 일상생활에서도 계속하여 쓰이기 때문에 대부분 추가적인 앱 설치 없이 소통에 참여할 수 있습니다. 단체 채팅방은 크게 두 가지 방법으로 만들어서 사용합니다. 학부모를 카카오톡 친구로 등록하여 단체 채팅방에 초대하거나 오픈 채팅방을 개설하여 학부모가 참여하도록 합니다.

단체 채팅방을 활용하여 학부모에게 안내사항이나 파일, 학생들의 활동사진을 손쉽게 전달할 수 있으며, 긴급하게 학교에서 공지할 내용이 있을 때 카카오톡 단체 채팅방을 이용하면 가장 전달력이 좋습니다. 그러나 많은 사람이 참여하기 때문에 규칙을 정해서 불필요하게 온라인 소음이 발생하지 않도록 하는 것이 필요합니다.

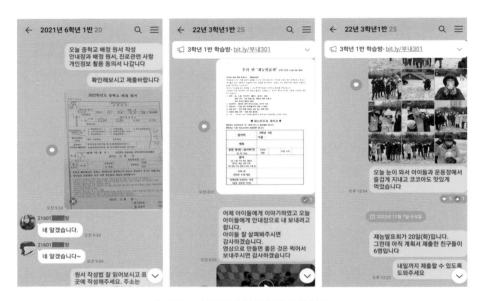

[그림 2-19] 카카오톡 단톡방 운영 사례

3. 하이클래스

하이클래스는 교사가 설정한 시간 동안에만 교사-학부모, 교사-학생 간 의사소통을 할 수 있는 서비스입니다. 교사가 직접 올린 학생의 학교생활 사진 및 영상을 학부모와 학생 모두 간편하게 웹·앱으로 보고 다운받을 수 있습니다. 기본적으로 학교 홈페이지의 공지 사항과 연동되어 가정통신문, 식단 등이 안내됩니다. 알림장과 과제 게시판을 사용하여 학생, 학부모에게 안내할 사항을 전달할 수도 있습니다.

[그림 2-20] 하이클래스 클래스 입장

교사들이 가장 많이 사용하는 기능은 하이톡과 하이콜입니다. 하이톡은 카카오톡과 같이 학생, 학부모와 채팅을 할 수 있는 기능입니다. 메시지와 함께 사진, 파일, 동영상을 전송할 수 있으며 단체 채팅방을 만들거나 1대1 채팅방에 한꺼번에 단체 공지를 보낼 수도 있습니다. 하이콜은 무료로 통화를 할 수 있는 기능입니다. 상담 가능 시간을 설정하여 개인 시간을 보호받을 수 있습니다. 교사가 안내한 인증번호나 초대 링크를 통해 클래스에 가입한 사람만 사용할 수 있어서 전화번호 등의 개인정보 공개 없이 메시지와 통화를 할 수 있습니다.

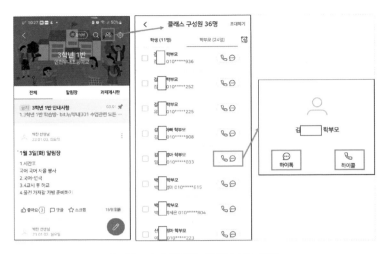

[그림 2-21] 하이톡, 하이콜 사용 방법

하이클래스의 학교알리미를 활용하면 클래스의 설문·투표 기능으로 학부모 상담, 방과 후 신청과 같은 설문의 회수, 수합, 통계까지 한 번에 할 수 있으며 학부모의 서명이 필요한 중요한 문서도 온라인으로 서명할 수 있습니다.

초등학교 교사가 많이 사용하는 아이스크림S에서 만든 서비스이기 때문에 많은 초등학교 교사가 활용하고 있습니다. 기본적으로 무료이면서 다양한 기능이 제공되는 장점이 있는 온라인 소통 서비스입니다.

4. e알리미

e알리미는 학교에서 가정에 효과적으로 공지 사항을 전달하고 원활한 소통을 할 수 있는 스마트 공지 앱입니다. COVID-19로 등교가 어려울 때 온라인 안내장을 효과적으로 가정에 전달하는 도구로 크게 활용되었습니다. 밴드나 카카오톡, 하이클래스

등이 담임 교사와 가정과의 소통에 활용되었다면 e알리미는 학교와 가정과의 소통에 유용하게 활용되었습니다.

e알리미는 회원명단에 등록된 초대 또는 승인된 구성원만 사용할 수 있고 명단 기반의 기본 학년별, 학급별 그룹과 자율적으로 추가 그룹을 구성해서 사용할 수 있습니다. 공지와 연락은 물론 방과후교실 신청서나 상담 신청서와 같은 신청서 제출, 만족도 설문, 동의와 찬반 투표, 선거 등이 가능합니다.

[그림 2-22] e알리미 보내기

e알리미로 보낸 안내장은 실시간 수신 및 열람한 사람을 확인할 수 있고, 안 읽었거나 회신하지 않은 사람에게 재발송도 할 수 있습니다. 회신문에 대한 정리, 통계를 엑셀로 출력할 수도 있어서 안내장을 작성과 인쇄, 배포, 취합, 통계에 따른 소모적인 업무를 덜어 줄 수 있습니다.

교사가 각종 공지, 안내, 비상 연락뿐 아니라 회신이 필요한 신청, 설문 예약 동의, 확인 등을 PC 또는 스마트폰에서 작성하여 전체, 그룹, 대상을 선택하여 발송하면 학부모는 PC와 스마트폰을 통해 정보를 확인하고 신청, 설문, 투표 등에 적극적으로 참여하여 의견을 제시할 수 있습니다.

[그림 2-23] e알리미 설문 결과 사례

모든 구성원이 스마트폰과 PC로 언제 어디서나 신속 정확한 소식과 다양한 정보를 확인하고 신청, 설문, 투표를 통해 학교 교육에 적극적으로 참여하고 의견을 제시할 수 있으며 서명 기능이 있어서 학부모의 서명이 필요한 중요한 회신도 처리할 수 있습니다. 유료이기 때문에 비용이 발생하지만, 상업적인 광고에 노출되지 않는다는 것이 장점입니다.

5. 학교종이

학교종이는 시작 당시 초등학교 교사들이 안내장 배부, 수합 및 통계로 인해 소모되는 시간과 종이 절감을 위해 만들었다가 유료 서비스로 전환된 온라인 소통 도구입니다. 하이클래스처럼 학급을 개설해서 학급 구성원에게 알림장과 사진첩, 제출할 서류와 학교안내문을 발송하는 기능이 있습니다.

교직원에게만 제공되는 공간인 학교 페이지로 접속하면 문자서비스가 제공되어 학부모에게 문자를 보낼 수도 있고, e알리미와 유사하게 학급 및 학년, 학교 전체 구성원에게 학교안내문을 작성하여 보낼 수 있습니다.

[그림 2-24] 학교종이 게시판 운영 사례

직접 다양한 형태의 설문을 제작하여 발송할 수 있는데, 선착순 설문 등의 다양한 설정이 가능합니다. 예를 들어 담임교사와의 상담주간 상담을 신청하는 설문을 제작할 때 상담 시간표에서 선착순으로 원하는 시간을 선택하도록 설정할 수 있어서 학부모 상담주간을 운영할 때도 유용하게 사용됩니다. 예전에는 학부모에게 원하는 상담

시간을 종이 안내장으로 회신받은 후 중복이 되면 전화 통화로 다시 조정하는 등 복잡했던 과정을 거쳐 업무를 해야 했으나 온라인으로 간편하게 수합할 수 있습니다.

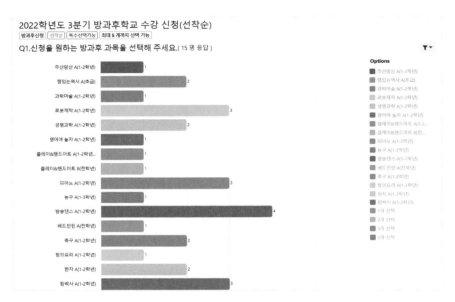

[그림 2-25] 선착순 설문 사례

교사와 가정, 학교와 가정의 소통이 디지털 전환으로 시간과 비용을 절감하면서도 더욱더 원활해졌습니다. 온라인 소통 서비스마다 특징이 있으므로 교사가 학교와 가정, 학급의 상황을 고려하여 선택한 후 활용하는 것이 필요합니다.

진화하는 교실

1. 사라지는 것과 생겨나는 것

[그림 2-26] 옛날의 초등학교 교실(출처: 유튜브 교육부 TV)[10]

옛날의 학교와 비교했을 때 오늘날의 학교에는 사라지는 것도, 새로 생겨나는 것도 많습니다. 교실 한가운데 있던 난로가 사라진 대신 시스템 냉난방기가

10) https://www.youtube.com/watch?v=qxwpJNLbJns

생겼고, 지도나 악보를 걸던 궤도 걸이 대신 스마트 칠판과 커다란 모니터가 생겼습니다. 언제부터인가 풍금 소리도 교실에서 사라졌습니다. 전자오르간이나 신시사이저가 그 자리를 대신하다가 이제는 대부분 디지털 콘텐츠로 대체되었습니다.

스마트 교육과 이러닝이 도입되고 20년 가까운 세월이 지난 지금도 교실은 매일 진화하고 있습니다. 전자칠판, 태블릿, 노트북과 같은 디지털 장비와 무선 네트워크, 스마트 학습관리 시스템 LMS(Learning Management System)의 사용은 더는 낯설지 않습니다. 이러한 학습 환경에서 가장 중요한 구성 요소 중 하나가 바로 다양한 디지털 콘텐츠입니다. 그렇다면 교사들은 어디에서, 어떻게 이러한 디지털 콘텐츠를 수집하고 사용하고 있을까요?

2. 아이스크림S

[그림 2-27] 아이스크림S 메인페이지(출처:(https://www.i-scream.co.kr/)

전국의 많은 초등학교 교실에서 사용 중인 아이스크림S는 300만 건의 디지털 멀티미디어 아카이브를 활용한 초등 교육 서비스 플랫폼입니다. 전 학년 전 과목의 콘텐츠가 체계화되어 있으며 학생들의 수업 몰입도를 높일 수 있는 동영상, 인터랙티브, 이미지 등 다양한 유형의 수업자료를 제공합니다. 또한 교과 콘텐츠 외에도 인성, 창의, 예술, 다문화 등 사회적으로 중요시되는 비교과 영역의 콘텐츠를 제공하여 교사의 수업과 학급 경영을 돕고 있습니다.

예를 들어 초등 5학년 2학기 사회 교과서 중 고구려, 백제, 신라의 성립과 발전 과정을 알아보는 수업을 하려고 합니다. 효과적인 교수 학습을 위해서는 사회 교과서와 사회과 부도 외에도 삼국의 발전 과정에 따라 변화하는 세기별 지도, 학생들의 배움을 정리하고 확인할 수 있는 활동지, 이해를 돕기 위한 동영상, 배운 내용을 기억할 때 도움이 되는 역사노래, 단원을 마친 후 배움의 정도를 확인할 수 있는 평가지 등의 다양한 자료가 필요합니다. 예전의 교사들은 다양한 플랫폼이나 사이트에서 이러한 자료들을 수집하여 편집하거나 직접 제작하여 사용했습니다. 십수 년 전만 해도 수업에 활용하기 적절한 동기 유발용 동영상 자료 하나를 찾기 위해 많은 시간과 노력이 필요했습니다.

[그림 2-28] 아이스크림S 차시, 단계별 학습 자료 예시

하지만 아이스크림S와 같은 교육 서비스 플랫폼에서는 해당 차시에 필요한 모든 자료를 한꺼번에 모아서 제공하기 때문에 수많은 자료 중 교사가 이를 선택하여 활용하기만 하면 됩니다.

가르칠 과목의 단원과 차시를 클릭하면 화면의 왼쪽에는 도입, 전개, 정리의 '단계별 학습 자료'가 제시되고 오른쪽에는 '수업 보탬 자료'가 제시됩니다. '수업 보탬 자료'에는 아이스크림S에서 자체적으로 제작하여 제공하는 자료 외에도 수업 내용과 관련된 유튜브 영상의 링크, 수업 활용 가이드, 학생 답변 예시자료 등을 함께 제공하여 선택의 폭을 넓혀줍니다.

'단계별 학습 자료'의 흐름을 그대로 따라서 수업을 진행해도 되지만 '수업 보탬 자료'의 자료를 드래그-드롭해서 '단계별 학습 자료'를 편집할 수 있습니다. 교사가 판단하기에 불필요한 자료는 삭제하고, 다른 자료는 추가하며 나만의 수업 흐름을 구성한 뒤 저장하여 수업에 활용하고 다른 교사들에게 공유할 수도 있습니다. 위의 사진과 아래의 사진은 같은 차시의 수업이지만, 교사가 어떤 자료를 선택하느냐에 따라 다른 수업이 구성되어 있음을 볼 수 있습니다. 또한 타이머, 판서, 발표 도우미, 화면에 글씨 쓰기, 화면 가리기 등의 수업 도구도 수업자료와 같은 화면에 제공되어 수업 운영을 수월하게 합니다.

[그림 2-29] 교사가 편집하여 저장한 단계별 학습 자료 예시

가르침의 내용이 표준화되고 획일화되어 '클릭 교사'를 양산한다는 비판의 목소리와 사기업에서 공교육 일부분을 독과점한다는 시선도 있지만, 수업의 내용을 풍부하게 해주고 특히 전 과목을 가르쳐야 하는 부담이 있는 초등 교사의 수업 준비를 효율적으로 해주었다는 점에서 교실 수업의 모습을 바꾼 대표적인 교육 서비스 중 하나임은 분명합니다. 특히 코로나19로 갑작스럽게 원격 수업을 했던 시기에 디지털화되어 있는 교과 수업자료들은 큰 도움이 되기도 했습니다.

교사들의 수업 전문성 신장을 위한 연수 기관인 '아이스크림 원격교육연수원', 학교 맞춤형 교육 상품 전문 쇼핑몰인 '아이스크림몰', 교사와 학부모, 학생의 소통을 위한 알림장 앱 '하이클래스', 퀴즈, 토론, 협동 학습이 가능한 학생참여형 프로그램 '띵커벨' 등도 변화하는 학교와 교사의 수요를 충족시켜 주고 있습니다.

3. 티처빌

[그림 2-30] 통합 교육 서비스 플랫폼 티처빌(출처: 티처빌 홈페이지)[11]

티처빌은 2002년 교원의 전문성 강화와 생애주기별 평생교육을 지원하는 원격교육연수원으로 시작되었습니다. 교육 현장에서 교육 서비스 플랫폼의 필요성이 높아지며 2018년 교사 지원 콘텐츠 공유 플랫폼인 '쌤동네'를 오픈했으며 이어서 2022년에는 초등 교사의 수업 지원 플랫폼 '클래스메이커'를 정식 출시하였습니다. 아이스크림S가 수업 지원 플랫폼에서 시작하여 원격교육연수원 등의 서비스를 제공한 것과는 반대의 순서로 서비스가 확장되었다는 것을 알 수 있습니다.

이렇게 수업 지원 플랫폼이 여러 기업 또는 교육기관을 통해 확산되는 것에는 검정 교과서 체제도 큰 영향을 미쳤습니다. 교과서 대부분이 국정이던 때에는 비교적 관련 콘텐츠를 구하거나 공유하기 쉬웠던 반면, 과목별 교과서의 출판사가 각각 달라지는 검정 교과서 체제에서는 수업 준비를 위해 개별 출판사 사이트를 방문하여 자료를 확인해야 하고, 적절한 자료를 찾기도 어렵기 때문입니다.

11) https://www.teacherville.co.kr/portal/memship/aboutTeacher.edu

클래스메이커는 여러 출판사의 다양한 교과서 관련 자료를 바로 쓸 수 있도록 한곳에 모아 제공하는데 학년, 학기, 과목별 교과서 출판사를 설정한 뒤 라이브러리에서 수업자료를 바로 활용할 수도 있고, 상호반응 도구를 선택하여 나만의 수업자료를 만들 수도 있습니다.

클래스메이커의 수업자료는 수업 단계에 따라 동기유발, 개념설명, 학습정리, 심화 활용, 수업 보완, 모둠 활동용으로 구분되어 추천되며 과목별 전문 대표 선생님이 추천한 전문가 추천자료, 인공지능 기반 시스템이 추천하는 AI 추천자료가 있습니다. 다만, 수업자료 대부분이 동영상이어서 교사가 수업 전 반드시 미리 재생하여 탐색해 보고 가르치고자 하는 내용에 적절한지 확인하는 과정이 필요합니다.

[그림 2-31] 티처빌 클래스메이커 라이브러리

수업의 도입-전개-정리의 흐름을 모듈로 자연스럽게 연결해서 제시해 주는 아이스크림S에 비해 개별적인 수업자료를 즐겨찾기에 추가하고 구성해야 하므로 수업 준비에 할애해야 하는 시간은 더 많지만 제시된 자료의 양이 풍부하므로 적절히 선택하여 사용한다면 교과서와 더불어 좋은 보조도구의 역할을 할 수 있습니다.

[그림 2-32] 티처빌 클래스메이커 상호반응 자료등록

클래스메이커에서는 상호반응 저작도구를 직접 만들어 활용할 수도 있습니다. OX 문제, 객관식 문제, 빈칸 채우기 등의 문제를 만들어 다른 교사와 공유할 수도 있고 영상에 퀴즈를 더한 상호반응 미디어를 만들어 거꾸로 수업 등에 활용할 수도 있습니다.

[그림 2-33] 교사 지원 콘텐츠 공유 플랫폼 '쌤동네'12)

티처빌과 타 수업 지원 플랫폼의 가장 큰 차이라고 하면 바로 교사 중심의 콘텐츠 공유 플랫폼인 '쌤동네'일 것입니다. 학급 자료, 교육 사례, 수업 아이디어 등의 다양한 교육 지식을 동료 교사와 공유하고 소통할 수 있으며 교사 개인이 콘텐츠의 생산자가 되거나 직접 온라인 모임을 열 수 있고 동료 교사에게 지식을 전달하는 강사로도 활동할 수 있습니다.

이전에도 인디스쿨 등의 교사 콘텐츠 공유 사이트가 있었으나 후원금과 재능기부, 나눔으로 운영되었던 반면 쌤동네는 유료, 무료 콘텐츠를 구분하여 교사가 개인적으로 제작한 콘텐츠를 판매하고 이익을 얻을 수 있다는 것이 특징입니다. 교사가 직접 만들고 운영하는 실시간 온·오프라인 모임인 쌤모임도 교과 지도, 생활지도, 교사 생활, 취미, 친목 등의 교사 생활 쌤모임과 에듀테크 쌤모임으로 나누어져 있으며 마찬가지로 유료, 무료 모임으로 운영할 수 있습니다.

[그림 2-34] 강의 섭외 서비스 '쌤찾자'[13]

12) https://ssam.teacherville.co.kr/ssam/main/index.edu
13) https://ssam.teacherville.co.kr/ssam/teacher/list.edu

또한 강의 섭외 서비스 '쌤찾자'에서는 누구나 강사로 등록할 수 있으며 원하는 강사를 찾아 섭외할 수 있어서 교사 전문적 학습공동체나 학교의 자율 연수 운영 등에도 도움이 되고 있습니다. 이처럼 다양한 수업 플랫폼은 수업자료 제공과 더불어 지역과 상관없이 교사들이 서로 교류할 수 있는 장을 제공하여 현장과 온라인을 다각도로 연결해 주고 있습니다.

배움의 공간이 되는
유튜브

[그림 2-35] 유튜브-탐색-'학습' 추천 영상

　세계 최대의 동영상 공유 플랫폼 유튜브에는 개인이 제작한 영상을 비롯한 다양한 클립이 올라옵니다. 단순한 동영상 시청만이 아니라 정보 검색 채널로도 활용되고 있는 유튜브는 대중들에게 일상 활동이자 습관으로 자리매김하여 영향력을 나날이 높여가고 있습니다.

빅데이터 플랫폼 기업 아이지에이웍스의 유튜브 사용 현황 분석 리포트에 따르면 2022년 한국인 10명 중 8명은 유튜브를 사용하고, 1인당 월평균 시청 시간은 33시간 가까이 되는 것으로 나타났습니다. 그중 가장 사용 시간이 많은 이용자층은 10대 이하 남성이었습니다.

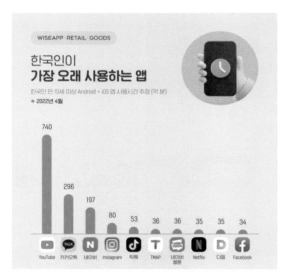

[그림 2-36] 한국인이 가장 오래 사용하는 앱 순위 그래프

(디지털데일리, 검색일: 2022. 5. 17. '한 달 사용 시간 740억 분…')[14]

또한 앱 분석 서비스 와이즈앱의 표본 조사 결과에 따르면 유튜브는 한국인이 가장 오래 사용하는 앱 1위로 한 달 사용 시간이 약 740억 분에 달했으며 이는 2위인 카카오톡에 비해 2.5배로 압도적 격차를 보였습니다.

14) https://www.ddaily.co.kr/m/m_article/?no=237943

특히 젊은 층에는 유튜브가 동영상 플랫폼을 넘어 포털 사이트와 유사한 검색 채널로 자리매김하고 있으며 다양한 실용 기술과 학습 거리를 제공하여 배움의 기회를 만들기도 합니다.

한 조사 결과에 따르면 유튜브 사용자 대다수가 유튜브를 통해 지식과 정보를 얻는다고 응답하였습니다(출처: YouTube Impact Report, Oxford Economics, 2020년). 이 조사 결과의 재미있는 부분은 어린 학생뿐 아니라 교사와 학부모도 유튜브의 학습 효과를 긍정적으로 평가했다는 것입니다. 응답한 교사의 72%가 유튜브가 학생들의 학습에 도움이 된다고 답했으며, 학부모의 69%는 유튜브가 자녀의 학습에 재미를 준다는 점에 동의했습니다.

팬데믹 이후 온라인 수업이 시작되면서 많은 현직 교사가 유튜브 크리에이터로 변신하였고, 각 교육청과 교육부에서도 교육 콘텐츠를 제작하여 유튜브에 업로드했습니다. 각종 온라인 수업에 유튜브가 적극적으로 사용되면서 학습을 위해서는 멀리해야 하는 것으로 생각되었던 유튜브 콘텐츠들은 잘 선택해서 활용하면 비용, 거리, 시간 등 현실 세계의 한계를 극복하게 해주는 훌륭한 배움의 도구로 주목받게 되었습니다.

[그림 2-37] 유튜브 '교육부 TV'

(출처:https://www.youtube.com/(@ourmoetv)

서울특별시 교육청의 서울교육 유튜브, 경기도 교육청의 경기도교육청TV와 경기 교사온TV, 인천광역시 교육청의 인천교육TV, 경상남도 교육청의 아이좋아 경남교 육 외에도 부산광역시 교육청, 충청북도 교육청, 울산광역시 교육청 등 대다수의 교 육청에서 자체 채널을 개설하고 온라인 개학, 교육 소식 나눔 등의 창구로 활용하고 있습니다. 교육부도 예외는 아니어서 2013년 개설한 채널을 통해 교육 이슈 및 교육 정책을 홍보하고 있습니다.

이전에는 각 교육청 홈페이지를 활용했던 홍보, 소통의 기능 중 많은 부분이 유튜 브 채널로 옮겨와 있으며 자유로운 댓글 작성은 개인정보를 인증하고 실명으로 글을 작성해야 했던 홈페이지에 비해 오히려 더 열린 소통을 가능하게 합니다.

[그림 2-38] 유튜브 '몽당분필'

(출처:https://www.youtube.com/@mdbftv)

초등 교사들은 온라인 수업에 활용하기 위해 다양한 영상을 제작하여 유튜브로 공 유하였고 대다수의 채널은 등교 수업 이후에도 교육에 널리 활용되고 있습니다. 온라 인 개학 초반에는 출판사에서 제공해 주는 학습 자료를 활용하였으나 양과 질이

빈약하고 저작권 등의 다양한 어려움이 있어 부딪혀 교사 개인 또는 모임에서 직접 영상을 제작하기 시작했습니다.

초등학생들은 아꿈선 초등 3분 과학을 통해 다양한 과학실험을 간접적으로 경험하고, 기백반 체육교실을 통해 체육활동뿐 아니라 다양한 놀이를 배웁니다. 피리토끼 선생님을 보며 교실에서는 마스크 때문에 할 수 없었던 단소, 리코더, 소금 연주를 익히고, 흥딩스쿨 동영상을 보며 각종 춤을 배워서 추기도 합니다. 참쌤스쿨, 몽당분필, 꿀잼교육연구소, 반올림 스쿨 등 선생님들이 배우고 익혀 수업에 활용할 수 있는 다양한 채널들도 널리 사랑받고 있습니다. 중, 고등학생들도 빡공시대를 통해 사회 공부를 하고 과학교사K 채널을 통해 과학 교과 내용을 예습, 복습합니다. 온라인 수업을 위해 개설되었던 많은 유튜브 채널은 등교 개학 이후의 교실에서도 다양하게 활용되고 있으며 최근에는 더 많은 교사 유튜버가 등장하고 있습니다.

학부모도 예외는 아니어서 교육에 대한 다양한 고민을 유튜브를 통해 풀어나갑니다. 교육대기자TV, 슬기로운 초등생활, 스몰빅클래스, 스터디코드 등의 채널을 통해 학교 선생님 또는 다른 학부모에게 묻기 어려웠던 자녀의 학업에 대한 궁금증과 교육방법, 입시에 대한 정보 등을 얻을 수 있습니다.

또한 일반인들도 유튜브를 통해 무엇이든 쉽게 배울 수 있는 세상이 되었습니다. 전자제품을 사도 사용설명서를 읽어 보는 대신 유튜브 영상을 시청하여 사용법을 익히고 관심 분야가 생기면 책을 찾아보거나 학원 강좌를 수강하기에 앞서 유튜브의 검색 목록을 살펴봅니다. 어학원의 새벽반에 등록하는 대신 라이브아카데미 채널을 구독하며 집에서 영어 공부를 하고, 코딩 학원에 다니는 대신 조코딩 채널을 보며 원하는 내용만 골라 따라 해 볼 수 있습니다.

5, 6년 전 가족여행을 떠나려는 중학생이 유튜브로 여행을 준비한다는 말에 의아해했던 기억이 있습니다. 여행을 준비하려면 서점에서 가이드북을 사서 읽어 보거나 블로그, 카페 등의 글을 읽으며 여행을 준비했던 기존의 방식과는 매우 달랐기 때문입니다. 검색했을 때 원하는 정보가 바로 텍스트로 나오지 않으니 긴 영상 중 필요로 하는 정보를 찾는 것도 불편하겠다는 생각이 들었습니다. 하지만 요즘은 여행 유튜버들의 생생한 영상을 보며 정보를 얻고 현지의 분위기마저 미리 느껴볼 수 있는 이 방식이 더 이상 낯설지 않게 느껴집니다.

<배움의 공간이 되는 유튜브 채널>

구분	채널명(주소)	분야
학생, 교사 교육	아꿈선 초등 3분 과학 https://www.youtube.com/@user-zc4ol3mn3f	초등과학 실험 및 각 교과 교육 콘텐츠
	몽당분필, 몽당책가방, 몽당색연필, 몽당오늘, 몽당찰칵 https://www.youtube.com/@mdbftv https://www.youtube.com/@user-ii6gs5wi3u https://www.youtube.com/@user-yw6bk7do8n https://www.youtube.com/@user-rr1cp7jg5j https://www.youtube.com/@user-bq9rn3vz1v	교사 제작 영상교육 콘텐츠 교과 학습 및 창체 초등 미술교육 자료 일자별 계기 교육 영상 촬영, 편집 방법
	참쌤스쿨 https://www.youtube.com/@CHAMSSAEM	교사 제작 교육 콘텐츠, 비주얼싱킹
	꿀잼교육연구소 https://www.youtube.com/@user-xx3tk2lh2t	학급 경영, 수업 놀이, 학부모 교육 등
	열정기백쌤 https://www.youtube.com/@KibaekSung	체육교육, 유아체육
	우리동네선생님 https://www.youtube.com/@user-js1bq3zn9t	구글 활용 교육
	반올림스쿨 https://www.youtube.com/@VanollimSchool)	교실 놀이, 수학 놀이, 초등체육활동
	흥딩스쿨 https://www.youtube.com/@heungdingschool	신체 표현, 책상 춤
	피리토끼 https://www.youtube.com/@lji3417/playlists	단소, 관악기 연주
	인공지능수학 깨봉 https://www.youtube.com/@quebonmath	수학교육, 수학 강의
	박공시대 https://www.youtube.com/@pksd	한국사, 사회 강의
	과학교사K https://www.youtube.com/@user-ho3sr4tx1r	중등 과학 강의
	안전한TV https://www.youtube.com/@safeppy	안전교육 영상

구분	채널명(주소)	분야
학부모 교육	교육대기자TV https://www.youtube.com/@daegizatv	교육 고민, 공부법
	슬기로운초등생활 https://www.youtube.com/@schoolBBB787	자녀교육, 교육전문가 인터뷰
	스몰빅클래스 https://www.youtube.com/@smallbigclass	공부법, 부모 교육
	스터디코드 https://www.youtube.com/@studycode	공부법, 입시 및 진로
	연고티비 https://www.youtube.com/@yonkotv_official	입시상담, 진로상담
일반인 교육	TED https://www.youtube.com/@TED	강연
	세바시 https://www.youtube.com/@sebasi15	강연
	조코딩 JoCoding https://www.youtube.com/@jocoding	코딩, 프로그래밍
	라이브아카데미 https://www.youtube.com/@LVACDMY	영어교육
	메이커다은쌤 https://www.youtube.com/@maker-daeun	3D프린팅, 메이커교육
	구글아카데미 https://www.youtube.com/@user-vq9hp4mm4j	구글 활용법
	과학쿠키 https://www.youtube.com/@snceckie	과학지식

구분	채널명(주소)	분야
교육 정책 홍보, 수업사례 나눔	교육부TV https://www.youtube.com/@ourmoetv	교육정책, 교육정보 및 이슈, 진로
	서울특별시교육청 서울교육 https://www.youtube.com/@GoodSenNews 인천광역시교육청 인천교육TV https://www.youtube.com/@user-nu8bu6gc8s	교육 정책 및 교육 이슈, 학생 이야기
	경기교사온TV초등 https://www.youtube.com/@tv_9586	수업사례, 교원연수, 교육과정 및 정책
	경기교사온TV중등 https://www.youtube.com/@tv_8219	배움 중심 수업, 수업 나눔, 교육공동체
교육청 온라인 교실	서울형 온라인 교실(서울특별시교육청 서울교육 채널 내) 초등, 유치원 / 중등, 기타 인천형 온라인 교실(인천광역시교육청 인천교육TV 채널 내) 초등 / 유치원 / 중등, 기타	

<표 2-1> 분야별 교육 관련 유튜브 채널 목록

이 밖에도 취미 활동, 학습 활동에 도움을 주는 훌륭한 채널들이 많지만, 지면상 일부만 소개해 드렸습니다. 그렇다면 유튜브와 같은 동영상 공유 플랫폼은 앞으로의 에듀테크 트렌드에 어떠한 영향을 미칠까요? 영상 시청이 학생들의 문해력을 저하한다는 연구 결과가 속속 등장하고 있고, 대면 교육이나 문자를 통한 교육과 비교해 동영상을 통한 교육은 지양해야 한다는 목소리도 여전히 큽니다. 하지만 동영상을 통한 배움이 교육의 불평등을 해소하는 데 큰 역할을 했다는 점에는 반문을 제기할 수 없을 것입니다. 교육의 인프라가 적은 소도시나 촌락에도 인터넷망이 잘 갖추어져 있는 우리나라의 환경은 이러한 배움을 더욱 활발하게 해줍니다. 그래서 학생들이 필요로 하는 정보를 잘 선택하고 활용할 수 있게 디지털 문해력 교육과 디지털 윤리 교육이 더욱 필요한 때입니다.

유튜브는 이미 학생들에게 일상화된 공간이 되었습니다. 유튜브가 유해하다고 단정 짓고 제한하기만 할 수는 없으므로 적극적이고 비판적으로 수용하도록 지도해야 합니다. 영상의 제목, 채널명, 썸네일 등을 통해 필요한 정보 여부를 판단하는 방법, 알고리즘을 이용하여 원하는 정보를 찾는 방법, 댓글이나 '좋아요' 수 등을 통해 크리에이터나 콘텐츠의 건전성을 판단하는 방법 등을 지도하는 것도 한 가지 방법입니다. 나아가 크리에이터나 구독자, 시청자들과의 바른 소통 방법을 익힌다면 일방향이 아닌 양방향, 다방향 소통과 배움의 확장이 가능한 도구로서의 유튜브를 교육적으로 더 잘 활용할 수 있을 것입니다.

<학생들과 함께해 볼 수 있는 간단한 유튜브 리터러시 교육>

① 영상의 제목과 채널명 살펴보기

② 썸네일(영상의 제목과 함께 노출되는 대표 이미지) 속 정보 탐색하기

- 영상의 제목과 썸네일의 내용이 일치하는가?

- 썸네일에서 강조 표시된 정보는 무엇인가?

- 썸네일에 사용된 이미지가 상징하는 것이 있는가?

③ 댓글 살펴보기(정렬 기준−인기 댓글 순으로 훑어보기)

④ 정보의 출처가 바르게 표기되었는지 확인하기(저작권 라이선스 확인)

⑤ 내가 필요로 하는 정보와의 관련성, 정확성, 신뢰성 평가하기

⑥ 나에게 적합한 콘텐츠인지 판단하기

[그림 2-39] 유튜브 영상의 제목과 썸네일(대표 이미지) 분석하기 예시

실감형 콘텐츠를
활용한 체육교육

1. 학교 내 VR 스포츠실 구축

교육 현장에서는 인성교육 및 체력향상 등을 위한 체육교육의 중요성이 나날이 대두되어 학교 스포츠클럽 운영, 초등학교 체육 전담 교사 확보 등 다양한 노력을 기울이고 있습니다. 하지만 혹한기, 혹서기, 비나 눈, 미세먼지 등의 다양한 요인으로 운동장에서 맘껏 뛰어놀 수 있는 날이 얼마 되지 않고 학교 강당은 여러 학년, 학급에서 돌아가며 일주일에 한 시간 정도만 쓸 수 있다 보니 학교에서 신체 활동을 충분히 하지 못하는 것이 현실입니다. 이 때문에 날씨나 환경에 구애받지 않고 실감형 콘텐츠로 체육활동을 할 수 있는 VR 스포츠실이 2016년 6월 서울 옥수초에 전국 최초로 설치었으며 이후 많은 학교로 확산되고 있습니다.

[그림 2-40] 옥수초등학교 VR 스포츠실

(옥수초등학교 제공/연합뉴스 2016. 10. 12.)[15]

VR 스포츠실 구축사업은 가상 스포츠 구축사업, ICT 융합 스포츠 구축사업 등 다양한 이름으로 정부와 지자체에서 지원 사업을 진행 중이며 최첨단 매체를 통한 교육 시스템으로 부상되고 있습니다.

2. 실감형 콘텐츠를 활용한 체육교육의 장점과 한계점

실감형 콘텐츠란 정보통신기술을 기반으로 실제와 유사한 경험을 제공하여 체감할 수 있는 콘텐츠를 의미합니다. 대표적으로 증강현실 AR, 가상현실 VR, 혼합현실 MR, 확장현실 XR 등이 있습니다. 이를 활용한 체육교육의 장점은 다음과 같습니다.

1) 체감이 가능하므로 이해가 쉽고 집중력이 올라갑니다.

2) 실제와 유사한 경험을 통해 실제 상황과 가까운 교육이 가능합니다.

3) 학생들의 흥미를 유발하여 재미있고 즐거운 교육이 가능합니다.

15) https://www.yna.co.kr/view/AKR20161012121000004?input=1195m

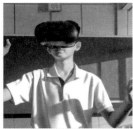

[그림 2-41] HMD로 체험할 수 있는 가상현실 세계[16]

　이러한 유형의 체육 콘텐츠는 학생들이 가상 환경에서 신체 활동을 경험할 수 있게 해주며 다양한 신체 기술과 개념을 가르치는 데 사용될 수 있습니다.

　아쉬운 것은 VR 스포츠실이라는 용어를 사용하기에는 아직 아쉬운 정도의 기술과 기기로 보급이 되고 있다는 점입니다. VR(virtual reality, 가상현실)의 정의는 컴퓨터로 만들어 놓은 가상의 세계에서 사람이 실제와 같은 체험을 할 수 있도록 하는 최첨단 기술을 말합니다. 머리에 장착하는 디스플레이 디바이스인 HMD를 활용해 체험할 수 있는 가상현실은 현실에서 차단된 허구의 상황만이 제시되는 것이 전제되어 있습니다.

[그림 2-42] VR 스포츠실에서 공을 던져 화면을 맞히는 체육활동 모습

16) openai.com/dall-e-2로 제작

하지만 학교 현장에 설치된 대부분의 VR 스포츠실은 스크린골프장이나 스크린야구장과 비슷한 구조로 교실 전면에 설치된 대형 스크린에 터치센서, 모션센서 등을 붙이고 빔프로젝터로 컴퓨터 화면을 스크린에 내보내는 시설로 구축이 되고 있습니다. 콘텐츠가 2D로 스크린 위에만 나오기 때문에 현실의 상황에 가상의 것을 겹쳐 보이게 하는 AR(Augmented Reality, 증강현실)로 보기에도 어렵습니다. 대표적인 예로 공을 던져서 화면의 특정 위치에 맞히고 이를 통해 축구, 농구, 핸드볼 등의 다양한 구기 스포츠를 체험하는 프로그램 등이 있습니다.

가상현실의 개념에 적합한가를 따지자면 아쉬움이 있지만 놀이 공간이 부족한 학생들에게 사계절 내내 실내에서 다양한 스포츠를 간접 경험할 수 있게 해주고 컴퓨터 게임과 같은 구성으로 학생들의 흥미를 자극한다는 장점으로 학교 현장에서 큰 인기를 얻고 있습니다.

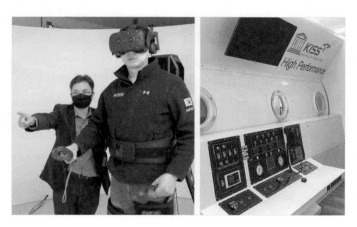

[그림 2-43] VR 시뮬레이션 반복 훈련 시스템 시연

(한국스포츠정책과학원 제공, 동아일보 2021. 7. 10. '염증 줄여주는 장비에 AI-VR로 시선까지 파악')[17]

17) https://www.donga.com/news/article/all/20210709/107882965/1

국가대표 선수들의 훈련장인 진천 선수촌에 설치되어 있는 VR스포츠 시스템은 스켈레톤 종목의 윤성빈 선수와 국가대표 양궁선수들이 활용하여 그 효과를 증명하였습니다. 가상의 올림픽 경기장에 현장의 소음 등 실제 경기장과 같은 분위기를 조성하고 동선과 동작을 반복해서 연습하는데, 선수들이 HMD를 통해 일인칭 체험만 하는 것이 아니라 훈련하는 선수 시야의 움직임이 그대로 벽에 투사되어 지도자들이 선수의 시선을 실시간으로 확인하고 연습 과정을 코치할 수 있습니다.

[그림 2-44] 오큘러스 퀘스트용으로 상용화되어 있는 다양한 VR스포츠 게임

상용화된 HMD를 이용하여 선수촌이 아닌 집이나 학교에서도 이러한 실감형 스포츠를 체험할 수 있습니다. 야구, 볼링, 테니스 등의 스포츠에 캐주얼한 요소를 더해 즐겁게 플레이할 수 있는 스포츠 스크램블, 전 세계에서 접속한 유저들과 실감 나게

탁구 경기를 할 수 있는 일레븐 테이블 테니스, 아케이드 게임을 하는 것처럼 스포츠를 즐길 수 있는 올인원 스포츠 VR 등 다양한 VR스포츠 게임들은 이미 널리 인기를 얻고 있습니다.

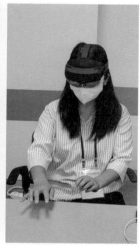

[그림 2-45] VR, MR로 교실에서 게임을 즐기는 모습

  학교 현장에도 오큘러스 퀘스트와 같은 몰입형 HMD나 MR, XR 스마트 글라스 등이 널리 보급된다면 단순한 놀이나 체험에서 한 차원 나아가 학생들의 체력과 운동능력을 신장시킬 수 있는 효과적인 가상현실 체육 수업이 가능할 것입니다.

온라인에서 펼치는 행사

　COVID-19의 확산으로 학생들의 등교가 제한되고 사람들이 모이는 행사가 자제되면서 학교뿐만 아니라 국가적인 행사에도 많은 변화가 생겼습니다. 대면으로 진행되던 행사가 온라인으로 전환된 것입니다.

　특히 2021년에는 코로나바이러스 확산 2년 차였음에도 불구하고 변이 바이러스의 등장으로 감염자가 확산하는 등 진정세가 보이지 않아 1~2학년을 제외하고는 대면·비대면 수업이 번갈아 가면서 진행되고 행사는 취소되거나 온라인으로 진행해야 했습니다. 이에 필자가 근무하는 학교도 과학의 달을 맞이하여 매년 실시하던 체험행사를 진행할 수 없게 되었습니다.

[그림 2-46] 교내 과학축제 참여 사이트 메인화면

　이에 필자는 과학의 달을 맞이하여 학생들의 과학에 관한 관심과 흥미기 위하여 구글 사이트 도구를 이용하여 과학축제 참여 사이트를 제작하였습니다.

　구글 사이트 도구는 웹페이지를 아주 손쉽게 만들 수 있는 서비스로 동적인 웹페이지를 만드는 것에는 한계가 있지만, 정보를 제공하는 단순한 형태의 웹페이지를 제작하기에는 적합합니다. 게다가 스마트폰이나 패드와 같은 모바일에서도 최적화된 화면으로 볼 수 있도록 자동으로 변환되어 모바일로 접속해도 가독성이 좋다는 장점이 있습니다.

　과학축제 참여 사이트의 하위 페이지에는 1) 우리나라 과학의 달 행사, 2) 즐거운 과학체험, 3) 슬기로운 집콕과학, 4) 과학사진 콘테스트, 5) 사이언스 레벨업, 6) 과학 퀴즈대회, 7) 안전한 실험실 홍보의 총 7가지의 내용을 담았습니다.

메인화면에서 과학의 달 포스터를 클릭하면 우리나라 과학의 달 행사로 넘어가는데 이 페이지에서는 우리나라에서 개최되는 다양한 과학 행사 사이트를 링크로 연결하였습니다. '즐거운 과학체험' 페이지는 학년별 교육과정에 따른 특색있는 과학체험 활동으로 학년별로 다양한 체험행사에 대해 안내하였습니다. 이 활동은 학생들이 등교하였을 때 키트를 이용하여 직접 제작하고 체험하는 활동입니다. '슬기로운 집콕과학'페이지는 집에서도 쉽게 구할 수 있는 재료를 이용하여 과학 미션을 해결하는 활동으로 구성하였습니다. 식초와 식소다가 반응하면 이산화탄소 기체가 발생하는데 이 기체가 공기보다 무거운 성질을 이용하여 비눗방울을 공중에 띄워보는 활동을 하고, 학생들이 미션을 해결한 사진을 패들렛에 탑재하면 상품을 지급하도록 구성하였습니다. '과학사진 콘테스트' 페이지는 주변에서 과학과 관련이 있거나 집에서 과학과 관련한 실험이나 활동, 또는 현미경을 이용하여 찍은 사진을 패들렛에 올리는 활동으로 기획하였습니다.

'사이언스 레벨업'은 한국과학창의재단에서 운영하는 사이언스레벨업 사이트에서 과학과 관련한 콘텐츠 영상을 보거나 퀴즈를 풀어 과학지수(SQ)를 높이는 활동입니다. '과학퀴즈대회'는 띵커벨을 이용하여 과학과 관련한 퀴즈를 풀고 참여한 다른 사람들과 온라인에서 대결하는 활동입니다. 마지막으로 '안전한 실험실 홍보'이벤트는 실험실에서 지켜야 할 내용이나 실험실 안전과 관련한 표어·포스터·만화·카드뉴스 등을 만들어 제출하는 활동으로 구성하였습니다. 메인페이지의 이미지는 미리캔버스를 이용하여 만들었고 동영상으로 사이트 활용 방법을 설명하는 영상을 삽입하였습니다. 'bit.ly/미송과학축제' 또는 'https://sites.google.com/gclass.ice.go.kr/misong-scifestival2021/'로 접속하여 확인할 수 있습니다.

[그림 2-47] 교내 학예발표회 유튜브 송출

학교행사의 디지털 전환은 학예발표회에서도 찾아볼 수 있습니다. 많은 학교에서 학생들의 학예 행사를 온라인 스트리밍으로 제공하여 학부모님들도 시청할 수 있도록 하였습니다. 최근에는 학예회뿐만 아니라 입학식, 졸업식과 같은 학생들이 참여하는 의식행사도 유튜브 등을 활용하여 온라인으로 송출하는 사례가 많아지고 있습니다.

유튜브와 같은 동영상 스트리밍 서비스를 제공하는 플랫폼의 경우 실시간으로 송출할 수 있다는 장점은 있으나 일방적인 방송 시스템이므로 채팅 외에는 시청자의 참여가 제한된다는 단점이 있습니다. 이러한 단점을 보완한 것이 메타버스 플랫폼을 활용한 행사입니다.

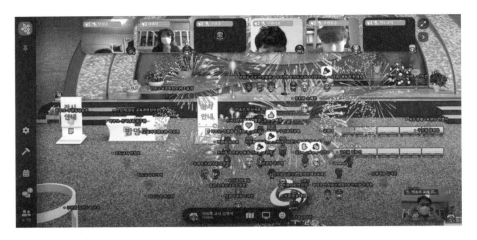

[그림 2-48] 메타버스 플랫폼을 활용한 행사

영재학급 산출물 발표회는 학생들이 다양한 교육활동을 통해 만들어 낸 산출물을 관람하며 학생들의 성장을 격려하고 축하함으로써 학생들에게 성취감과 도전을 줄 수 있는 행사입니다. 또한 다른 사람의 산출물을 통해 새롭거나 발전적인 아이디어를 얻을 수도 있어 학생들에게 좋은 기회가 됩니다.

많은 학생이 참여할 수 없는 상황에서 위와 같은 교육적 효과를 거두기 위하여 메타버스 플랫폼을 활용하여 가상 전시회를 개최하였습니다.

이번 가상 전시회를 위하여 학생들은 마을의 생태 공원을 탐색하고 생태 환경의 일환으로 360도 사진을 이용하여 영상을 제작하였습니다. 이렇게 제작한 산출물을 가상전시관 플랫폼에 탑재한 후 메타버스 플랫폼인 게더타운에 연동하여 전시회를 열었습니다. 단방향으로 행사를 송출하는 것이 아닌 사용자가 자신의 아바타를 직접 조작하여 원하는 작품을 감상하고 다른 아바타와 만나 상호작용함으로써 온라인에서 행사에 더욱 적극적으로 참여할 수 있습니다. 이 가상 전시회는 구글 크롬 브라우저

주소창에 'bit.ly/메타버스생태'를 입력하거나 'https://app.gather.town/app/qEY65T 1jvK3022jk/ eco-vr'를 입력하면 접속하여 체험할 수 있습니다.

이미 사회에서도 미술관을 비롯하여 박물관, 과학관 등 다양한 오프라인 콘텐츠들이 디지털로 전환되어 온라인으로 제공되고 있습니다. 영화관에 가야만 볼 수 있던 콘텐츠들을 OTT 서비스로 집안의 TV에서 즐길 수 있게 되었고, VR 기기를 통하여 좀 더 실감 나게 상호작용할 수 있는 콘텐츠들도 증가하고 있습니다.

이제는 학교의 다양한 행사도 디지털로 전환되어 자연스럽게 접할 수 있는 시대가 되었습니다.

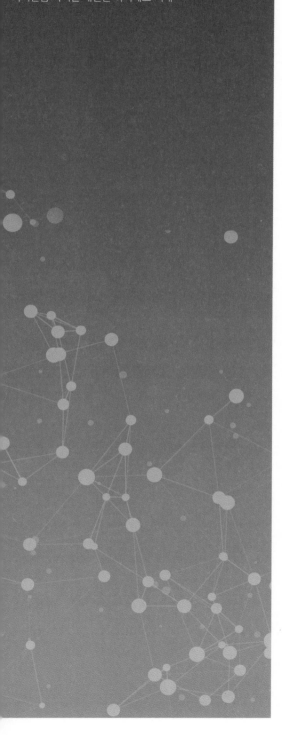

미래 교육 전문가를 위한 디지털 리터러시
하이컨셉 디지털 대전환 하이테크 시대

ChatGPT
인공지능 융합 교육법

수업의
디지털 전환

협업과 의사소통의
디지털화: 패들렛

1. 2022 개정 교육과정 속 협업과 의사소통

1) 국어과

2022 개정 교육과정에서는 '비판적·창의적 사고 역량, **디지털·미디어 역량, 의사소통 역량**, 공동체·대인 관계 역량, 문화 향유 역량, 자기 성찰·계발 역량'을 국어과 역량으로 설정하였습니다. 이 중 '디지털·미디어 역량'은 디지털 다매체 시대로 변화한 언어 환경을 고려하여 2015 개정 교육과정의 '자료·정보 활용 역량'을 수정한 것입니다. 또, 이에 따라 국어과 공통 교육과정에 '듣기·말하기, 읽기, 쓰기, 문법, 문학, 매체'의 여섯 영역을 설정하였는데 '매체'는 신설 영역으로, 기존 영역에 부분적으로 반영해 온 매체 관련 내용 요소를 수정·보완하되, 디지털 매체를 기반으로 하여 새로운 의사소통 환경에서 중요하게 부각되고 있는 내용 요소를 교육 내용에 포함하였습니다.

2) 사회과

사회과 교육과정에서는 '창의적 사고력, 비판적 사고력, 문제 해결력 및 의사 결정력, **의사소통 및 협업 능력, 정보 활용 능력**'을 역량으로 설정하였습니다. 사회과는 시민으로서 갖추어야 할 자질을 함양하는 데 필요한 창의적 사고력, 비판적 사고력, 문제 해결력 및 의사 결정력, 의사소통 및 협업 능력, 정보 활용 능력 등을 기르는 데 중점을 두고 있습니다. 이 중 의사소통 및 협업 능력은 자신의 견해를 분명하게 표현하고 타인과 효과적으로 상호 작용하는 능력을 의미합니다. 또한 정보 활용 능력은 다양한 자료와 테크놀로지를 활용하여 정보를 수집, 해석, 활용, 창조할 수 있는 능력을 의미합니다.

3) 도덕, 수학, 과학과

도덕과 교육과정에서는 **미디어 문해력 신장**을 교수 학습 과정의 고려사항으로, 학습자의 능동적인 학습 참여와 개별화된 학습 경험을 교수 학습의 방향으로 제시하고 있습니다. 수학과 교육과정에서도 온라인 교육 환경 활용을 통한 **연결과 의사소통**을 강조하고 있습니다. 과학과 교육과정은 생태 소양, 민주 시민의식, **디지털 소양**을 갖추고, 첨단 과학기술을 기반으로 융복합 영역을 창출하는 미래사회에 유연하게 대응할 과학적 소양을 갖춘 사람을 양성하는 것을 목표로 합니다.

이처럼 2022 개정 교육과정에서는 협업과 의사소통을 과목 전반에 걸쳐 강조하고 있으며 특히 정보통신과 테크놀로지를 기반으로 한 의사소통 환경에서의 의사소통 능력이 주요 소양으로 새롭게 부각되고 있습니다.

2. 패들렛(Padlet)이란

원격 수업을 경험한 교사나 학생이라면 한 번쯤은 사용해 보았을 만한 수업 툴인 패들렛은 사용자가 가상 게시판을 만들고 공유할 수 있는 웹 기반 소통, 협업 플랫폼입니다. 쉽고 직관적인 사용 방법으로 최근 몇 년간 교사를 대상으로 한 에듀테크 연수에서 빠지지 않고 소개될 정도로 교육 현장에 널리 확산되고 있습니다.

[그림 3-1] padlet 시작 화면 (https://padlet.com/)

패들렛(Padlet) 외에도 잼보드(Jamboard), 원노트(Microsoft OneNote), 리노(Linoit), 알로(Allo), 노션(Notion) 등 수업에 활용할 수 있는 다양한 협업 도구가 있지만, 패들렛에는 다음과 같은 장점들이 있습니다.

- 직관적인 인터페이스 및 Drag&Drop 기능으로 사용이 편리합니다.

- 여러 사용자가 실시간으로 참여하여 협업하며 프로젝트와 과제를 함께 수행할 수 있습니다.

- 브레인스토밍, 토론, 메모, 프레젠테이션 및 포트폴리오와 같은 다양한 용도로 사용할 수 있습니다

- 인터넷에 연결된 모든 장치에서 접속할 수 있습니다.

- 서식, 배경, 레이아웃, 개인 정보 등 다양한 설정 옵션이 있습니다.

- 접속주소나 QR코드만 있으면 학생 계정이나 로그인 없이도 참여할 수 있습니다.

- 온·오프라인 수업에서의 학생 참여도를 높일 수 있습니다.

3. 패들렛 서식별 수업 사례

패들렛은 현재 7가지 서식을 제공하고 있습니다. 교실 수업에서 패들렛을 어떻게 활용할 수 있는지 서식별 수업 사례를 간단히 살펴보겠습니다.

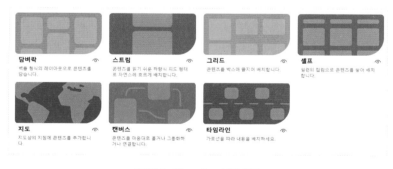

[그림 3-2] padlet 서식 종류

1) 담벼락

담벼락은 각 콘텐츠가 벽돌처럼 빈틈없이 게시되는 가장 기본적인 서식입니다. 콘텐츠를 분류할 필요가 없을 때, 콘텐츠의 배치가 중요하지 않을 때 편하게 사용할 수 있습니다. 빈 곳 없이 내용을 담을 수 있어서 많은 콘텐츠가 게시되어도 세로 스크롤이 지나치게 길어지지 않는 것이 장점입니다.

담벼락 서식은 모든 교과 및 학급 운영에 자유롭게 활용할 수 있으며 브레인스토밍, 수업 후기 올리기 등 실시간으로 아이디어를 공유할 때, 수업 결과물 사진으로 가상 전시실을 만들 때 유용합니다.

[그림 3-3] 담벼락 서식 예시

- 관련 교육과정(2015): 국어과 4학년 1학기 8단원 '이런 제안 어때요'

- 차시 주제: 제안하는 글을 쓰는 방법을 아는지 확인하기

- 활동 내용: ① 국어 활동 교과서 속 공익광고의 문제 상황과 글, 그림 살펴보기

　　　　　　② 광고의 내용에 어울리는 제안하는 말을 떠올려 패들렛에 쓰기

　　　　　　③ 친구들이 제안한 말을 읽어보고 잘된 점을 찾아 이야기하기

2) 스트림

스트림(흐름)은 콘텐츠가 세로형으로 길게 배치되는 서식입니다. '설정'에서 새 게시물 위치를 '마지막'에 배치하도록 하면 콘텐츠가 작성 순서대로 위에서 아래로 읽기 쉽게 게시됩니다. 콘텐츠의 흐름이나 순서를 강조하고 싶을 때 사용할 수 있습니다.

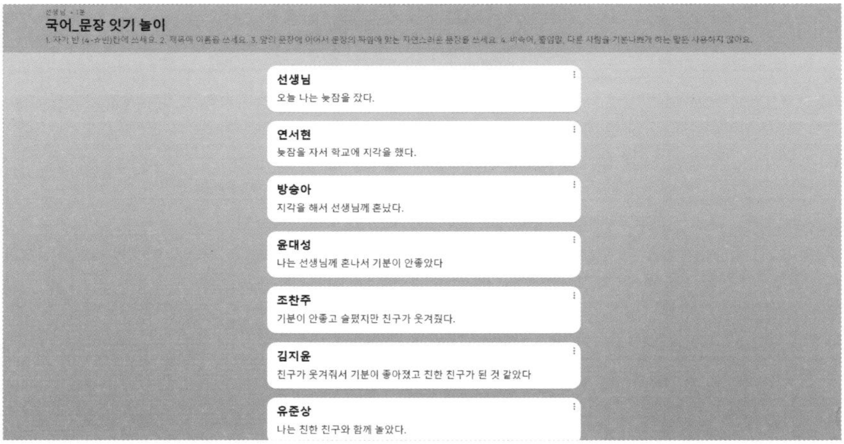

[그림 3-4] 스트림 서식 예시

- 관련 교육과정(2015): 국어과 4학년 2학기 5단원 '의견이 드러나게 글을 써요'

- 차시 주제: 문장의 짜임을 생각하며 의견 표현하기, 문장 잇기 놀이하기

- 활동 내용: ① 이야기를 시작할 첫 문장 정하기

　　　　　　② 문장의 짜임에 맞는 이어질 문장 떠올리기

　　　　　　③ 자릿순, 번호순, 발표 뽑기 순 등 한 사람씩 차례대로 이어가며 문장 잇기 놀이하기

　　　　　　④ 완성된 이야기의 흐름이 자연스러운지 확인하기

3) 그리드

그리드(격자무늬)는 콘텐츠를 가상의 박스에 줄지어 배치하는 서식입니다. 담벼락 서식과 유사하지만, 길이가 서로 다른 콘텐츠도 일정한 간격으로 배치하여 가시성이 뛰어납니다.

[그림 3-5] 그리드 서식 예시

- 관련 교육과정(2015): 국어과 4학년 2학기 4단원 '이야기 속 세상'

- 차시 주제: 이야기를 읽어 본 경험 말하기

- 활동 내용: ① 재미있게 읽은 이야기를 정해 인물을 떠올리기

　　　　　② 인물이 한 중요한 일, 인물의 생김새와 특징, 인물이 나온 이야기의 한 장면을 패들렛에 쓰기

　　　　　③ 친구가 올린 게시글을 읽고 댓글로 이야기 속 인물 알아맞히기

4) 셸프(선반)

셸프(선반)는 수업에서 많이 사용되는 서식으로, 콘텐츠를 분류하여 게시할 때 활용합니다. 교사가 모둠별, 주제별, 날짜별 등 주제를 분류할 섹션을 추가하면 학생들은 섹션의 아래쪽에 콘텐츠를 이어 게시할 수 있습니다.

여러 학급이 함께 하나의 패들렛에 참여하거나 주제별로 학습 자료를 제공할 때 유용하게 활용할 수 있으며 학생별로 섹션을 생성하여 수업 결과물을 누적하면 학생들의 발전과 성과를 포트폴리오로 만들 수 있습니다.

[그림 3-6] 셀프 서식 예시

- 관련 교육과정(2015): 실과과 5학년 '동식물과 함께하는 나의 생활'

- 차시 주제: 식물을 활용 목적에 따라 분류하기

- 활동 내용: ① 내가 좋아하는 식물을 한 가지 정하기

② 인터넷 식물 백과를 이용하여 식물의 이름, 특징, 용도, 선택한 이유 등을 정리하기

③ 식물의 활용 목적에 따라 패들렛의 여러 선반(분류 기준) 중 알맞은 곳에 사진과 함께 게시물 올리기

④ 학급 친구들과 함께 식물이 기준에 알맞게 분류되었는지 확인하기

5) 지도

지도는 패들렛 화면 위에 핀으로 위치를 지정하고 콘텐츠를 추가할 수 있는 서식입니다. 구글맵과 연동되어 기본 세계 지도뿐 아니라 위성 지도, 교통 지도 등을 사용할 수 있고 자유롭게 확대, 축소가 가능합니다. 위치 핀을 설정하는 방법은 두 가지로, 장소를 이름이나 주소로 검색하여 선택하거나 핀을 드래그하여 지도 위의 원하는 지점 아무 곳에 놓을 수 있습니다.

핀에는 다양한 콘텐츠를 업로드할 수 있어서 지리, 환경, 역사, 경제뿐 아니라 지구촌 갈등, 세계 문화 등 지도를 사용하는 다양한 수업에 널리 활용할 수 있습니다.

[그림 3-7] 지도 서식 예시

- 관련 교육과정(2015): 사회과 6학년 2학기 1-1 '지구, 대륙 그리고 국가들'

- 차시 주제: 세계 지도, 지구본, 디지털 영상 지도 활용하여 세계 여러 나라 소개하기

- 활동 내용: ① 모둠별로 소개하고 싶은 나라를 정하여 구글 슬라이드 소개 자료

만들기

② 패들렛의 지도 서식 위에 소개하고 싶은 나라의 위치에 핀 올리기

③ 모둠이 만든 구글 슬라이드의 공유 주소를 핀에 게시하기

④ 다른 모둠이 올린 자료를 열어 세계 여러 나라의 위치와 문화, 특성을 탐색하기

6) 캔버스

캔버스는 콘텐츠를 원하는 위치에 흩어놓거나 그룹화하거나 연결할 수 있는 서식입니다. 콘텐츠를 업로드하고 원하는 위치에 놓은 뒤 게시물에 연결, 게시물에서 연결 끊기 등의 기능을 활용하여 화살표로 그룹화할 수 있습니다. 콘텐츠의 배경색을 달리하여 콘텐츠의 계열을 분류할 수 있고 게시물에 연결할 때 라벨을 활용하여 화살표 위에 콘텐츠 간의 관계를 표시할 수도 있습니다.

마인드맵, 브레인스토밍 등의 아이디어 발상을 할 때 유용하며 콘텐츠를 원하는 위치에 자유롭게 배치할 수 있어서 좌우로 화면을 분할한 토론 활동 등에도 활용할 수 있습니다.

- 관련 교육과정(2015): 사회과 4학년 1학기 2단원 '우리가 알아보는 지역의 역사'

- 차시 주제: 우리 지역의 문화유산과 역사적 인물에 관해 공부한 내용을 생각그물로 완성하기

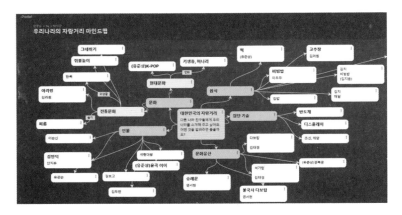

[그림 3-8] 캔버스 서식 예시

- 활동 내용: ① 우리나라의 자랑거리를 떠올려 패들렛에 올리기

　　　　　　② 여러 가지 자랑거리를 묶을 수 있는 기준 정하기

　　　　　　③ 가운데에 주제어를 쓰고 분류 기준, 자랑거리 순으로 콘텐츠를 연
　　　　　　　　결하기

　　　　　　④ 중복된 내용은 합치거나 삭제하여 생각그물 완성하기

7) 타임라인

　타임라인(연대표)은 가로선을 따라 내용을 배치할 수 있는 서식입니다. 타임라인
이라는 서식명에서 직관적으로 알 수 있는 것처럼 연표를 만들기 적합한 서식이지만
역사 연표뿐만 아니라 나의 성장 과정 기록하기, 식물이나 동물의 한살이, 태양계 행
성의 위치와 특징 나타내기, 인물의 일대기 만들기 등 시간순, 거리순으로 자료를 만
들 때도 활용할 수 있습니다.

가로선 위에 있는 + 버튼을 사용하여 원하는 곳에 콘텐츠를 게시할 수 있으며 콘텐츠의 순서도 바꿀 수 있어서 수정이 쉽습니다.

[그림 3-9] 타임라인 서식 예시

- 관련 교육과정(2015): 사회과 5학년 2학기 1단원 '옛사람들의 삶과 문화'

- 차시 주제: 단원 학습 내용 예상하기

- 활동 내용: ① 패들렛의 우리나라 역사 연표 살펴보기

　　　　　　② '옛사람들의 삶과 문화' 단원에서 배울 내용과 알고 있는 사실, 알아보고 싶은 것을 떠올리기

　　　　　　③ 떠올린 내용을 댓글로 쓰기

4. 패들렛에 콘텐츠 올리기

1) 패들렛에 게시물 작성하기

패들렛에 콘텐츠를 게시하는 방법은 매우 간단합니다. 패들렛 화면 아무 데나 더블클릭하거나 오른쪽 하단의 ⊕ 아이콘을 클릭하거나 파일을 드래그해서 화면 위에 드롭하면 게시물을 작성할 수 있습니다.

제목 아래 칸의 ⋯ '첨부파일 유형 더 보기'를 클릭하면 게시물에 제목과 내용 텍스트 외에 다양한 콘텐츠를 함께 업로드할 수 있습니다.

[그림 3-10] 패들렛에 게시물 작성하기

2) 패들렛에 올릴 수 있는 다양한 콘텐츠 유형 알아보기

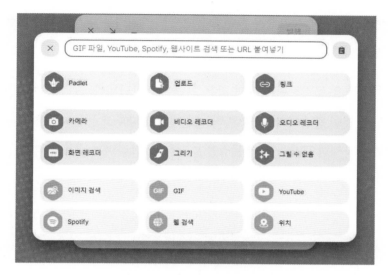

[그림 3-11] 패들렛에 올릴 수 있는 다양한 콘텐츠

- Padlet, 업로드, 링크: 다른 패들렛이나 첨부파일, 링크를 업로드합니다.

- 카메라, 비디오 레코더, 오디오 레코더: 사용 중인 기기의 카메라를 활용하여 사진, 비디오, 오디오를 바로 촬영하여 업로드합니다.

- 화면 레코더: 크롬의 확장 기능을 추가하면 5분까지 화면 전체나 브라우저를 녹화할 수 있습니다.

- 그리기: 마우스를 사용하여 화이트보드에 간단한 그림을 그릴 수 있습니다.

- 이미지 검색, GIF, YouTube, Spotify, 웹 검색, 위치: 구글과 연동되어 있어 주제어를 검색하면 관련된 이미지, 움직이는 그림, 영상, 음악, 웹 검색 결과 등을 탐색하고 업로드할 수 있습니다.

3) '그릴 수 없음(I can't draw)' 기능 활용하기

패들렛에서 새롭게 제공하는 콘텐츠 유형으로 그리려는 내용을 텍스트로 입력하면 인공지능 화가가 원하는 그림을 그려주는 서비스입니다.

✦ 그릴수없음 을 클릭하면 다음과 같은 화면이 나타납니다. 그리려는 내용은 영어로 입력하는 것이 좋습니다. 구글 번역기나 네이버 파파고 등을 이용하여 표현하고 싶은 장면을 자세히 묘사한 영어 문장을 번역하고 '그리려는 내용 입력하기'에 붙여 넣습니다.

[그림 3-12] '그릴 수 없음' 기능 활용하기

파파고에서 '사과를 먹고 있는 네 마리의 파랑새'를 영어로 번역하여 입력 칸에 붙여 넣기하고 제출하였더니 잠시 후 문장을 그림, 사진으로 표현한 결과가 나타났습니다.

[그림 3-13] '그릴 수 없음' 기능을 사용하여 인공지능이 만든 그림

이렇게 만든 그림은 저작권 문제에서 자유롭고, 학생들이 원하는 그림이나 사진을 검색하기 어려울 때 직접 만들어 사용할 수 있어서 다양한 수업 활동에 유용하게 활용할 수 있습니다.

단, 인물의 수가 많아지면 이목구비가 자연스럽지 않게 배치되어 어색하거나 그림, 사진에 문화적 배경이나 특성을 정확하게 반영하지 못하는 등 인공지능 화가의 한계점도 있습니다.

예를 들어 '아침 식사로 쌀밥을 먹고 있는 한국인 가족'이라는 문장을 입력해 보았더니 숟가락, 젓가락 등의 작은 소품은 제대로 표현되지 않고 얼굴이 일그러져 있으며 반찬 없이 밥과 빵, 주스를 함께 먹는 등 우리가 보기에는 어색한 그림이 완성되었습니다.

[그림 3-14] '그릴 수 없음' 기능을 사용하여 인공지능이 만든 그림의 한계점

하지만 로그인 없이도 인공지능 그리기 서비스를 사용할 수 있고 제작한 그림을 따로 저장하는 과정 없이 바로 패들렛에 게시할 수 있다는 편리함이 큰 장점이며 대부분은 문장의 내용을 자세히 입력하면 원하는 내용을 정확하게 그려주어 활용도가 높은 인공지능 콘텐츠입니다.

소개해 드린 예시 외에도 학급 토론방, 작품 전시실, 학급 신문, 게시판, 자료 공유방, 소통방 등 패들렛을 활용하는 방법은 무궁무진합니다. 온라인 수업뿐 아니라 교실 수업 상황에서도 소통과 공유, 협업의 폭을 넓혀주는 패들렛을 활용해 보시기를 바랍니다.

[그림 3-15] 패들렛을 활용한 찬반 토론(캔버스 서식)

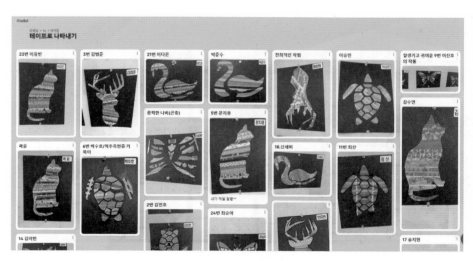

[그림 3-16] 패들렛을 활용한 자료 전시(담벼락 서식)

[그림 3-17] 패들렛을 활용한 수업 자료 공유(셀프 서식)

[그림 3-18] 패들렛을 활용한 온라인 소통(셀프 서식)

수업 공간을 넓히는
메타버스

메타버스(Metaverse)는 '넘어서, 위에 있는, 초월하는'을 뜻하는 'Meta'와 '우주, 세계'를 뜻하는 'Universe'의 합성어로 현실을 초월한 3차원 가상현실 세계를 뜻합니다. 과거에는 메타버스를 아바타가 살아가는 가상현실, 증강현실 등으로 이해했지만, 이제는 초월적인 나로 살아갈 수 있는 모든 공간을 통칭한다고 할 수 있습니다.

교육현장에서도 메타버스 공간에서 입학식, 수업, 축제, 행사 등을 실재감 있게 진행하고 있으며 메타버스를 통해 오프라인의 제약에서 벗어난 새로운 시도의 장이 열리고 있습니다.

메타버스를 현실화하기 위한 많은 노력이 있었는데, 메타버스 연구 단체인 ASF(Acceleration Studies Foundation)는 메타버스를 구현하는 4가지 유형을 증강현실, 라이프로깅, 거울 세계, 가상현실로 구분하기도 했습니다.

메타버스가 미래 교육에도 지속해서 활용될 가능성은 매우 큽니다. 그 이유로 첫째, 메타버스는 사회적 소통의 공간으로 발전할 수 있습니다. 메타버스에서는 시간과 공간의 제약 없이 수많은 사람이 모일 수 있습니다. 콘서트나 팬 사인회를 여는 것은 물론이고 많은 사람이 시간과 공간의 제약 없이 만나서 상호작용할 수 있게 되었습니다. 제페토 교실에 등교하거나 마인크래프트에 학교를 짓고 졸업식을 진행하거나 대학 신입생들이 입학식에 참여하여 캠퍼스를 투어하는 일들이 늘어나고 있습니다. 또한 취미와 관심이 같은 사람들이 함께 모여 소통할 수 있는 사회적 연결이 메타버스에서 어렵지 않게 이루어지고 있습니다.

둘째, 메타버스에서의 상호작용은 몰입도가 큽니다. 메타버스에서 사용자는 아바타를 통해 상호작용할 수 있습니다. 아바타는 메타버스 공간을 자유롭게 이동하는 물리적 상호작용을 통해 실재감을 느끼고 몰입할 수 있게 합니다. 또한 메타버스 공간에서 혼자만 돌아다니지 않고 여러 명의 아바타가 동시에 나타나서 상호작용하기 때문에 줌(Zoom)과 같은 영상 중심의 화상회의를 할 때와는 공간에 대한 지각이 달라집니다. 그리고 메타버스에서는 자신이 원하는 대로 다양한 공간을 구성할 수 있으므로 사용자는 자신에게 최적화되어 있는 가상세계에서 구현된 공간을 이동하면서 가상의 상황에 더 몰입할 수 있습니다. 따라서 학습에 참여하는 학생의 능동적 참여를 확대할 수 있습니다.

셋째, 메타버스는 사용자의 창작과 공유의 공간입니다. 온라인 게임은 이용자가 미리 정해진 목표에 따라 제한된 미션을 수행하지만, 메타버스에서는 미리 정해진 미션 없이 사용자가 원하는 모든 것을 자유롭게 할 수 있습니다. 학업, 쇼핑, 공연 관람, 전시회 관람, 관광 등 현실 세계에서 할 수 있는 다양한 일을 할 수 있습니다. 따라서 콘텐츠 소비자에서 창작자로의 경험 제공을 통해, 학습 과정에서 학생의 자율성 확대가 가능합니다.

이미 메타버스는 학생들의 삶에 들어와 있습니다. 학생들은 메타버스라는 말은 몰라도 로블록스나 제페토와 같은 메타버스 플랫폼을 이미 사용하고 있습니다. MZ

세대에게 익숙해진 메타버스를 교육에 잘 활용한다면 학생들의 자기 결정성과 자발성을 극대화할 수 있습니다. 사회의 급격한 변화와 요구에 맞추어 새로운 교육 패러다임을 수용하고 이를 적극적으로 교육에 활용한다면 변화하는 시대가 요구하는 교육, 미래가 요구하는 인재 양성에 도움이 될 것입니다.

1. 관련 교육과정 및 수업 계획

1) 관련 교육과정

2015 개정 교육과정이 지식정보 사회가 요구하는 창의융합형 인재 양성에 힘썼다면 2022 개정 교육과정은 주요 개정 방향으로 미래 변화에 대응하는 역량 및 기초소양 함양 강화와 디지털·인공지능 교육환경에 맞는 교수·학습 및 평가체제 구축으로 방향을 설정하였습니다.

이에 따라 디지털 시대의 교육환경 변화에 부합하는 미래형 교수·학습 방법과 평가체제를 구축하고, 수업 설계·운영과 평가에서 다양한 디지털 플랫폼과 기술 및 도구를 효율적으로 활용할 수 있도록 시설·설비와 기자재를 확충하도록 하였습니다.

교육과정도 시대의 흐름에 발맞춘 디지털 전환을 교육에 적극적으로 반영하여 미래 사회가 요구하는 교육을 위해 힘쓰고 있으며 이런 흐름에 맞추어 메타버스와 가상현실 등의 디지털 기술을 교육에 활용하였습니다.

2022 개정 교육과정 관련 성취기준을 추출해보았습니다.

[6실04-02] 생활 속 디지털 기술의 중요성을 이해하고, 디지털 기기와 디지털 콘텐츠 저작 도구를 사용하여 발표 자료를 만들어 보면서 디지털 기기의 활용 능력을 기른다.

[6실04-03] 제작한 발표 자료를 사이버 공간에 공유하고, 건전한 정보기기의 활용을 실천한다.

[9정02-01] 디지털 정보의 속성과 특징을 이해하고 현실 세계에서 여러 가지 다른 형태로 표현되고 있는 자료와 정보를 디지털 형태로 표현한다.

이를 바탕으로 가상현실 콘텐츠를 학생들이 직접 제작하고 메타버스 공간에서 공유하고 피드백하며 성장하는 수업을 구상하였습니다. 또한 메타버스 플랫폼에서 게이미피케이션이 적용된 놀이와 게임을 통한 학습을 적용하였습니다.

2) 수업 계획

메타버스 활용 수업으로 크게 두 가지 수업을 진행하였습니다. 첫 번째로 코스페이시스라는 가상현실 저작 도구를 활용하여 학생들이 가상공간을 제작하는 방법을 배우고 자신만의 콘텐츠를 제작하고 공유하였습니다. 두 번째로 메타버스 플랫폼을 활용하여 OX 퀴즈, 방탈출을 활용한 학습을 진행하였습니다. 가상현실 수업은 하나의 주제로 프로젝트 학습으로 진행하였고 메타버스 수업은 가상공간을 제작한 후 다양한 교과에 맞게 커스터마이징하여 활용하였습니다.

주제	차시	내용
가상현실	1	· Cospaces 기본 메뉴 익히기
	2	· 가상공간 구성하기
	3-4	· 가상전시관 제작하고 체험하기
메타버스	1	· OX 퀴즈로 학습평가하기
	1	· 템플릿 활용 방탈출하기
	1	· 나만의 방탈출 공간 만들기

2. 가상현실 활용 수업

가상현실(VR: Virtual Reality)은 메타버스 중 HMD(Head Mounted Display), 즉 머리에 착용하는 디스플레이 장치가 필요합니다. 실제와 가상을 구분하기 힘들 정도로 가장 몰입감이 높은 메타버스입니다. 가상현실 콘텐츠는 몰입감과 새로운 경험을 제공하기 때문에 교육 현장에 다양하게 개발되고 적용됐습니다. 그러나 학생들은 제공되는 VR 콘텐츠를 체험해보고 활용하는 단계에서 벗어나지 못하였습니다.

가상현실 활용 수업으로 코스페이시스(Cospaces.io)라는 VR 저작 도구로 학생들이 누구나 쉽게 자신만의 VR 가상전시관을 제작해봄으로써 자신만의 콘텐츠를 제작하고 공유의 경험을 통해 디지털 소통 역량을 키우는 것을 목적으로 수업을 진행할 수 있습니다.

가상현실 활용 수업은 준비(Preparation), 설계·개발(design & development), 피드백(Feedback) 단계로 운영하였습니다.

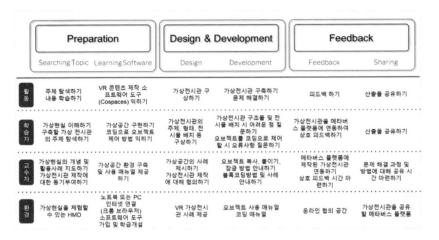

[그림 3-19] 가상현실 활용 수업 단계

1) 준비(Preparation) 단계

준비 단계에서는 주제에 대해 이해하고 VR 저작 도구인 코스페이시스 사용법을 익히도록 하였습니다. 주제 이해 활동으로 학생이 가상현실에 대해 이해하고 자신이 구축할 가상전시관의 주제를 탐색할 수 있도록 합니다. 학생들은 소프트웨어 학습활동으로 코스페이시스의 기본 사용법과 코딩으로 오브젝트를 제어하는 방법을 익힙니다. 코스페이시스 기본 사용법과 코딩하는 방법을 영상과 이미지 파일로 제공하여 학생들에게 제공하면 학생들이 학습한 것을 복습하거나 필요할 때 참고하기에 좋습니다.

코스페이시스는 스마트폰이나 태블릿과 같은 모바일환경에서도 학생들이 콘텐츠를 만들 수는 있지만 코딩을 하지 못하는 등 제한사항이 있으므로 콘텐츠를 만들 때에는 PC나 노트북을 이용하는 것이 좋습니다. 코스페이시스로 제작된 콘텐츠를 체험할 때는 스마트폰과 카드보드 2.0을 준비하는 것이 좋습니다.

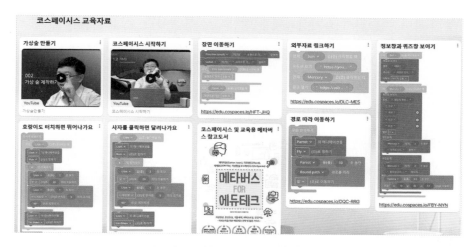

[그림 3-20] 코스페이시스 교육자료[18]

[그림 3-21] 코스페이시스 체험 및 기본 사용법 학습하는 학생들

2) 설계·개발(design & development) 단계

설계·개발 단계에서는 자신이 제작하고 싶은 주제의 가상전시관을 구상하고 직접 구축하는 활동을 합니다. 가상전시관의 주제, 형태, 전시물 배치 등을 구상하고 직접 가상전시관을 제작합니다. 학생들에게 추천할만한 가상전시관의 주제로는 역

---

18) 코스페이시스 교육자료(https://padlet.com/ice2020ai/vrdata)

사의 한 장면, 미술전시관, 가상과학관(태양계, 식물전시관, 동물전시관), 건축물 전시관, 발명품 전시관, 공룡 전시관, 스포츠 전시관, 세계 음식 전시관, K-POP 소개, 위인 소개관 등이 있습니다.

또한 전시물이나 소품, 사람이나 꽃과 나무 등 삽입한 오브젝트를 블록 코딩으로 제어하면서 생기는 문제를 해결하여 자신이 원하는 모습으로 가상전시관을 완성합니다.

[그림 3-22] 가상전시관을 제작하는 학생들

코딩을 통해 오브젝트의 형태, 애니메이션을 제어하고 움직임을 제어합니다. 또한 인터렉티브하게 퀴즈, 설명, 유튜브 연결 등을 통해 생동감 있는 가상전시관을 만들 수 있습니다. 학생들이 정해진 코딩을 따라 하는 것이 아니라 기본적인 코딩 방법을 익히고 자신이 원하는 방향으로 코딩하기 때문에 학생마다 다양하게 코딩이 이루어지게 됩니다.

제작 과정에서 학생들의 작품에서 생기는 문제를 함께 고민하고 학생들이 서로 조언하면서 해결하는 과정을 겪는 것이 좋습니다. 학생이 코딩하면서 자신이 원하는 대로 오브젝트가 제어되지 않을 때 간단한 것은 바로 설명해주어도 좋습니다. 그러나 교사가 다른 학생들에게 어떤 것이 문제이고 어떻게 해결하면 좋을지 질문하면 다양한 해결 방법을 학생 스스로 제시하고 문제가 해결된다면 해결한 학생이 전문가가 되어 다른 학생들에게 설명하는 기회를 제공합니다. 선생님이 모든 문제를 해결할 필요 없이 학생들에게 활발한 배움이 일어날 기회를 마련하는 것이 좋습니다.

[그림 3-23] 학생 작품 사례[19]

3) 피드백(Feedback) 단계

피드백 단계는 학생들이 제작한 산출물을 공유하고 상호 피드백하는 단계입니다. 코스페이시스에서 제작한 VR 콘텐츠는 링크와 QR코드 등으로 PC 및 모바일 디바이스로 공유할 수 있습니다. 따라서 패들렛과 같은 에듀테크에 공유하는 것도 가능합니다. 패들렛에 링크로 공유하면 학생들이 클릭만으로 다른 친구의 작품을 체험할 수 있습니다.

19) 자연사 박물관(https://edu.cospaces.io/MXL-CDB)

[그림 3-24] 가상전시관 학생 작품[20]

또한 젭(Zep)이나 게더타운(Gather.town)과 같은 의사소통 중심 메타버스나 모질라 허브나 SPOT과 같은 3D 메타버스 공간에 공유해도 좋습니다. 학생들과 교사가 익숙한 플랫폼을 활용하여 쉽게 접근할 수 있도록 합니다.

다른 친구들의 작품을 감상하고 체험하면서 잘한 점, 보완할 점을 피드백해주면 그것을 참고로 자기 작품을 수정하면서 학생들이 성장하는 것을 볼 수 있습니다.

---

20) 가상전시관 학생 작품(https://padlet.com/ice2020ai/VR_contents)

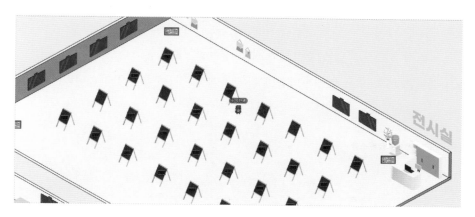

[그림 3-25] 게더타운에 공유한 가상전시관

[그림 3-26] 모질라 허브에 공유한 가상전시관

    디지털 기기에 익숙하고 메타버스 공간에서 생활하는 MZ세대 학생들에게 자신만의 콘텐츠를 만드는 것은 매우 흥미로운 일입니다. 학생들이 자신이 관심 있는 분야에 대한 전시관을 가상세계에 구축하고 공유하며 체험하는 활동을 통해 수동적인 학습자가 아닌 능동적이고 적극적인 학습자로 태도의 변화를 보입니다. 수업을 마무리하고 학생들의 소감을 들어보면 자신이 직접 VR 콘텐츠를 제작하는 경험이 새롭고 재미를 느끼게 하였으며 학습에 몰입하게 된 것을 알 수 있었습니다.

[그림 3-27] 가상전시관 활동 소감

디지털 기기를 활용하여 자기만의 콘텐츠를 제작하고 공유하며 디지털 소통을 경험하게 되었습니다. 이러한 경험을 통해 학생들은 더 많은 자율성과 선택권을 갖게 됨으로써 창의적이고 유연한 사고력을 기르는 경험 학습을 할 수 있었습니다. 가상현실을 활용하여 VR 콘텐츠를 제작하는 수업은 학생들에게 디지털 소통 역량을 키울 수 있는 학습전략이라고 할 수 있습니다.

3. 메타버스 활용 수업

메타버스의 플랫폼이 다양하고 이를 활용한 수업도 매우 다양하게 구상할 수 있습니다. 그러나 교사가 다양한 메타버스 플랫폼의 사용법을 모두 익히고 수업에 적용하는 것이 현실적으로 매우 부담스럽습니다. 그래서 학교 현장에서 쉽게 사용할 수 있는 메타버스 플랫폼인 젭(Zep)을 중심으로 수업 사례를 안내하려고 합니다. 젭은 '바람의 나라: 연'을 개발한 게임회사인 슈퍼캣과 '제페토'의 운영사인 네이버제트가 합작해 만든 플랫폼입니다. 게임회사가 참여하였기 때문에 게이미피케이션 요소가 많아서 학생들이 흥미롭게 수업에 참여할 수 있는 장치가 많은 것이 특징입니다.

학생들이 젭에 참여할 때는 별도의 회원가입이 필요 없고, 교사가 제공하는 공유 링크를 통해 참여할 수 있으므로 접근성이 매우 좋습니다. 학생들이 공간을 제작하기 위해서는 웨일스페이스에서 교사가 학생 계정을 만들어서 제공하는 것이 좋습니다.

메타버스 공간을 교사가 직접 제작할 수 있다면 더욱 다양한 수업도 할 수 있습니다. 그러나 매일 수업을 진행하는데 멋진 메타버스 공간을 디자인하고 만드는 데 많은 시간이 걸린다면 실제로 메타버스를 수업에 활용하기에는 매우 어려운 것도 사실입니다. 학교 현장의 어려움을 고려해서 가능하면 이미 제작되어 제공되는 템플릿을 이용하여 수업에 활용하거나 공간을 제작하더라도 적은 에너지를 들여서 간단히 제작하여 수업하는 방법을 소개하고자 합니다. 또한 이미 제작하였던 공간을 복사해서 다른 목적으로 재활용할 수 있는 방법으로 활용도를 높여 수업에 활용하면 좋습니다.

1) OX 퀴즈 활용

젭에서 OX 퀴즈를 하는 것은 매우 간단하면서도 장점이 많습니다. 실제 대면 수업에서 OX 퀴즈를 한다면 준비해야 할 것이 많습니다. OX 퀴즈를 할 공간, OX 퀴즈 탈락자가 있어야 할 공간, 진행자뿐 아니라 탈락자를 관리할 교사 등등. 실제로 OX 퀴즈를 진행할 때도 문제를 내고 학생들이 OX 공간을 이동하다가 시간이 되면 이동하지 못하도록 해야 하고 탈락한 학생들을 안내해서 다른 공간으로 이동시켜야 합니다. 또한 탈락자들이 문제를 듣다가 힌트나 정답을 다른 학생들에게 알려주거나 큰 소리로 응원하거나 방해하는 등 OX 퀴즈를 진행하는데 상당히 어렵습니다.

그러나 젭에서 OX 퀴즈를 진행하면 준비와 운영을 위한 어려움이 최소화됩니다. OX 퀴즈를 할 수 있는 맵이 템플릿으로 제공되어 있어서 교사가 따로 공간을 제작할 필요가 없습니다. 교사가 문제를 내고 20초 동안 학생들이 이동할 시간이 주어지는데 문제를 틀린 탈락자는 퀴즈 공간 바깥(대기 장소)으로 자동으로 이동하게 되어 OX 퀴즈를 관람하게 됩니다. 이것은 젭과 유사한 플랫폼인 게더타운에서 OX 퀴즈를 진행하는 것과 차별점이 됩니다. 자동으로 바깥 공간으로 이동하게 코딩되어 있으므로 교사가 별도로 탈락자를 관리할 필요가 없습니다.

OX 퀴즈를 진행하기 위해서는 OX 퀴즈 맵을 준비해야 합니다. 젭에 로그인한 후 스페이스 만들기를 선택하면 템플릿을 선택할 수 있습니다. 템플릿은 젭에서 제공하는 템플릿과 에셋 스토어에서 구매한 맵을 활용해서 공간을 제작할 수 있는데 OX 퀴즈는 젭에서 제공하는 OX 퀴즈 템플릿을 사용하면 됩니다. 스페이스를 만들 때 스페이스 설정 창에서 스페이스의 이름과 비밀번호 설정 여부, 태그를 선택하면 OX 퀴즈 공간이 만들어집니다.

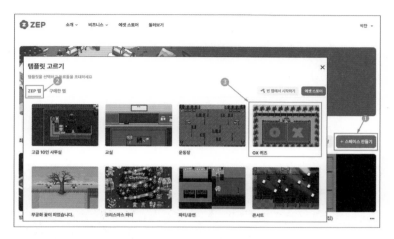

[그림 3-28] OX 퀴즈 맵 만들기

퀴즈를 진행하려면 사이드 메뉴에서 미니 게임을 선택합니다. 미니 게임 중에서 OX Quiz를 선택하면 OX 퀴즈 문제를 낼 수 있습니다.

[그림 3-29] OX 퀴즈 시작하기

문제를 쓴 후 정답을 선택하고 문제 내기를 클릭하면 문제가 학생들에게 제공됩니다. OX 퀴즈 경기장 안에 들어온 학생들은 20초 안에 자신이 맞는다고 생각하는 영역으로 아바타를 이동시킵니다. OX 퀴즈를 원활하게 진행하기 위해서 교사는 미리 문제 파일을 준비했다가 복사해서 바로 문제를 내는 것이 좋습니다.

[그림 3-30] OX 퀴즈 문제 출제하기

학생들과 OX 퀴즈를 하려면 학교의 컴퓨터실을 사용하거나 노트북 또는 태블릿을 개인별로 준비하면 좋습니다. 물론 학생 개인의 핸드폰으로 접속해도 됩니다. 태블릿과 스마트폰과 같은 모바일 기기는 젭 앱을 미리 설치하면 퀴즈에 참여하기 좋습니다. OX 퀴즈에 초대하기 위해 초대 링크를 전달하거나 입장 코드를 알려주어 바로 입장할 수 있도록 합니다.

학생들이 매우 즐겁게 OX 퀴즈에 참여합니다. 끝까지 남는 학생 한 명이 나올 때까지 퀴즈를 진행할 수도 있고 문제 수를 미리 알려주고 모든 문제를 풀어도 됩니다.

[그림 3-31] OX 퀴즈에 참여하는 학생들

OX 퀴즈로 할 수 있는 주제는 매우 다양합니다. 학생들이 함께 읽은 책에 대한 이해 퀴즈, 교과 학습한 것을 확인하는 퀴즈 등 다양한 주제로 활용할 수 있습니다.

젭에서 OX 퀴즈 맵을 사용하면 교사가 큰 시간과 노력을 기울이지 않아도 즐겁게 학생들과 수업에 활용할 수 있습니다.

2) 템플릿 활용 방탈출하기

방탈출을 활용할 때 문제를 해결하면 장애물이 제거되면서 다음 문제를 풀 수 있도록 공간을 구성할 수 있습니다. 또는 문제를 해결하면 또 다른 힌트를 얻어서 최종적으로 얻은 힌트를 조합해서 최종 관문을 통과하여 방탈출을 하는 형식으로 방탈출 공간을 만들 수도 있습니다. 이런 과정에서 다양한 문제를 내고 학생은 학습한 내용을 복습하면서 문제를 풀게 됩니다.

OX 퀴즈 맵과는 다르게 방탈출을 활용하기 위해서는 맵을 편집할 수 있어야 합니다. 그래야 자신이 원하는 수의 문제와 객관식, 주관식 문제를 낼 수 있고 힌트를 제공할 수도 있기 때문입니다. 젭의 맵 에디터를 활용해서 방탈출 활용 수업 사례를 안내하고자 합니다.

젭에서 제공하는 템플릿과 에셋 스토어에서 구매할 수 있는 많은 맵 중에서 방탈출에 활용하기 좋은 맵들이 있습니다. 이 중에서 ZEP 맵에서 학교 방탈출 맵을 사용할 수 있습니다.

[그림 3-32] 학교 방탈출 템플릿 선택하기

이 맵은 학교의 여러 교실을 돌아다니면서 방탈출을 할 수 있는 특징이 있습니다. 문제를 해결하면 장애물이 제거되어서 다음 공간으로 이동해서 계속해서 문제를 해결하는 방식으로 공간을 구성하였습니다.

먼저 방탈출을 시작할 위치를 선정하고 그 영역에 스폰(Spawn) 효과를 주어 방탈출 공간을 입장하는 아바타들이 시작 위치에 등장하도록 합니다. 교사가 문제를 내고 싶은 수에 맞추어 NPC나 문 오브젝트를 설치합니다. 통과하면 안 되는 공간은 벽을 설치하여 이동 통로를 제한하였습니다.

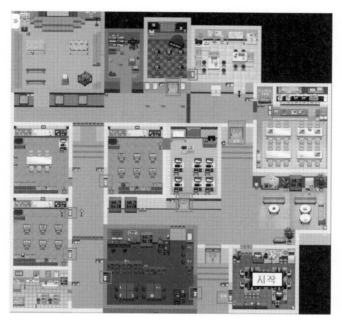

[그림 3-33] 학교 방탈출 문제 출제 위치

방탈출을 위한 문제를 내는 방법은 오브젝트-도장 상태에서 문제를 낼 오브젝트를 선택하여 설정 창에서 팝업 기능의 비밀번호 입력 팝업이나 객관식 팝업을 활용합니다. 비밀번호 입력 팝업은 주관식 단답형 문항 출제에 사용하고 객관식 팝업은 선택형 객관식 문항 출제에 사용합니다. 질문 내용에 문제를 내고 선택지에 정답을 표시한 후 정답 선택할 때 실행할 동작에서 개인에게만 오브젝트 사라지기를 선택하면 정답을 맞힌 사람에게만 오브젝트가 사라져서 통과할 수 있습니다. 이러한 방식으로 원하는 방탈출 공간을 제작할 수 있습니다.

교과별, 단원별로 주관식, 객관식 문항을 손쉽게 만들어서 사용할 수 있습니다. 모든 문제를 다 푼 학생이 누군지 확인할 수 있도록 마지막 관문을 통과한 후에 패들렛이나 구글 설문 등을 연결하여 학생들이 느낀 점이나 피드백할 것을 작성하게 하면 자연스럽게 학생들이 문제 해결을 누가 먼저 해결했는지 확인할 수 있습니다.

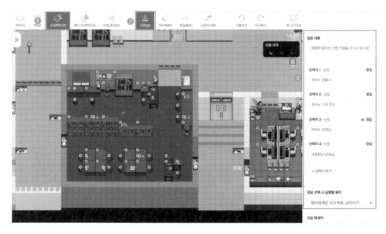

[그림 3-34] 방탈출 문제 출제 방법 1

3) 나만의 방탈출 공간 만들기

메타버스의 경험이 많지 않은 선생님들은 젭에서 제공하는 템플릿으로 공간을 제작하는 것이 좋습니다. 그러나 템플릿으로 제작한 공간을 사용하다 보면 공간을 수정하고 싶은 생각이 들 때가 많습니다. 템플릿으로 제작된 공간이다 보니 내가 원하는 것과 정확하게 일치하지 않을 수 있습니다. 이미 만들어진 공간이기 때문에 불필요한 공간이 있어 수정을 많이 해야 하거나 학생들의 이동경로를 교사가 원하는대로 만들고 싶을 때는 빈 맵에서 직접 방탈출 공간을 만들어도 됩니다. 방탈출 공간을 만들 때 디자인에 너무 많은 시간을 들이지 않고 최소한의 시간을 들여서 만드는 것을 추천합니다.

빈 맵에서 공간을 제작하기 위해 스페이스 만들기를 선택하고, 빈 맵에서 시작하기를 클릭합니다. 제작하고 싶은 스페이스의 이름을 쓰고 태그를 선택하면 공간을 제작할 수 있습니다.

[그림 3-35] 방탈출 문제 출제 방법 2

빈 맵에 공간을 제작하기 위해 먼저 바닥을 설치합니다. 이때 도장 크기를 '4×'로 선택해서 바닥 무늬를 배치하는 것이 좋습니다. 모든 영역을 하나의 바닥 무늬로 해도 되고, 영역별로 나누어서 배치해도 됩니다. 그리고 벽을 적절히 설치합니다. 벽을 설치할 때는 문제를 낼 오브젝트의 공간을 비워두고 설치합니다. 정답을 맞히면 오브젝트를 사라지게 해서 다음 공간으로 넘어갈 수 있도록 합니다.

그리고 문제를 풀 때 도움이 될 수 있는 힌트 오브젝트를 삽입했습니다. 학생들이 학습했던 내용의 문제를 풀 때 잊어버리거나 도움이 필요할 때 참고할 수 있도록 영상을 링크하거나 구글 슬라이드를 연결했습니다. 단순히 퀴즈를 푸는 것이 아니라 중요한 내용에 대한 복습의 기회도 가질 수 있도록 힌트를 적절히 사용하면 좋습니다.

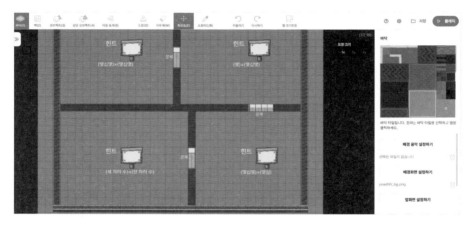

[그림 3-36] 빈 맵에서 방탈출 공간 제작

공간 제작이 끝나면 문제를 냅니다. 오브젝트 세부 설정에서 문제를 내는데 처음에는 난도가 낮은 문제부터 시작해서 마지막에는 어렵거나 종합적인 문제로 난이도를 조절하면 좋습니다. 처음부터 어려운 문제를 만나게 되면 동기가 떨어지므로 쉬운 문제부터 풀도록 합니다.

[그림 3-37] 수학 문제로 방탈출하는 학생들

　그리고 자신이 만든 공간을 다른 교과와 단원에 활용하고 싶을 때는 공간을 복사해서 수정해서 사용하면 좋습니다. 새로운 교과와 단원 퀴즈를 할 때마다 새로운 공간을 만들 필요 없이 공간을 재사용하는 것이 가능합니다.

[그림 3-38] 스페이스 복사하여 사용하기

학생들이 종이에 인쇄된 문제를 풀면서 학습 내용을 점검하는 것이 아니라 메타버스 공간에서 게임 하듯 학습 문제를 해결할 때 흥미롭게 참여할 수 있었습니다. 게임을 하듯 공부해서 재미있었다는 반응이 많았습니다. 계산이 느리거나 학습 내용을 완전히 소화하지 못한 학생들에게는 집에 가서 다시 한번 복습하고 방탈출을 해 볼 것을 안내했더니 학생 대부분이 집에 가서 다시 방탈출을 하면서 문제를 풀었다고 했습니다. 오프라인으로 준 시험지는 집에서 절대로 풀지 않았던 학생들도 게임과 놀이처럼 제공되었던 메타버스 방탈출 퀴즈는 자발적으로 다시 풀어보는 것을 발견할 수 있었습니다.

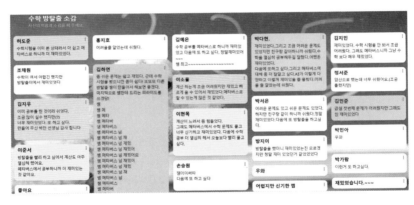

[그림 3-39] 수학 단원평가 방탈출 체험 소감

메타버스 활용 수업은 디지털 전환의 장점을 살려서 오프라인에서의 한계나 제한점을 보완하고 새로운 경험을 학습으로 연결할 수 있는 좋은 방안이 될 것입니다.

누구나 할 수 있는 작곡

아동 청소년기 때의 음악 활동 참여는 두뇌 발달에 긍정적 영향을 미치고 수리, 지각, 언어, 읽기 능력 같은 지적 능력을 향상하는 데 큰 역할을 합니다. 그뿐 아니라 음악 교육은 아이들이 음악적 경험을 통해 자신의 감정을 인식하고 이해하며 표현하도록 가르쳐 감성 지능을 개발하는 데 도움이 됩니다. 또한 창의성, 사회적 기술 및 자존감을 함양하는 데 도움이 될 수 있습니다. 또 음악은 뇌를 진정시키는 효과가 있어서 학생들이 스트레스를 관리하고 정신 건강을 개선하는 데 효과적인 도구가 됩니다.

그런데 학생들은 음악 교육에 대해 "별로 재미없어서 다들 그냥 자요. 어차피 대학 가는데 상관도 없잖아요"라고 이야기합니다. 학생들에게 적절한 음악 교육이 이루어지지 않았기 때문입니다. 음악적 표현보다 기술적 숙련도를 지나치게 강조하거나 다양한 음악적 경험에 대한 접근성 부족했습니다. 고학년에 들어가서는 음악 교육의 중요성보다는 다른 주요 과목에 치우쳐 배움의 기회가 사라지기도 합니다.

학생들에게 음악적 기능이 없어도 음악적 경험을 하고 즐길 수 있도록 에듀테크를 활용한 교육 사례를 소개하고자 합니다. 교사와 학생이 모두 음악적 소양이 높지 않아도 충분히 자기 생각과 감정을 음악으로 표현하면서 창의성과 감성적 체험을 할 수 있습니다.

1. 관련 교육과정 및 수업 계획

1) 교육과정 관련

2015 개정 교육과정 중 음악과 교육과정의 경우 '음악정보처리 역량', '음악적 창의·융합 사고 역량'을 강조하면서 미래 교실에서 다양한 첨단 매체를 활용한 음악 교육이 이루어지도록 노력하고 있습니다. 그러나 학교 현장에서 음악 교육을 위해 사용하고 있는 디지털 도구가 대부분 교육용 웹 사이트에서 제공하는 수업을 진행하기 위한 자료이고 학생들이 개별적으로 음악적 소양을 쌓거나 표현과 창작을 위해 사용하는 도구는 매우 제한적인 것을 알 수 있습니다. 다양한 음악적 수준을 보이는 학습자들의 개별 학습을 지원하는 디지털 도구를 활용하는 디지털 전환이 음악 교육에서 절대적으로 필요합니다.

2022 개정 교육과정에서 음악의 창작을 느낌과 의도를 음악으로 만드는 활동이라고 하였습니다. 또한 다양한 미디어를 활용하여 음악 활동을 함으로써 디지털 소양을 함양하고 미래 디지털 기반 사회의 발전을 도모한다고 하였습니다. 나아가 음악을 통한 표현력과 공감력은 사회와 문화 속에서의 음악의 의미와 가치를 확장해 자연환경이나 생태계의 지속가능한 발전에 공감하는 감수성으로 전이되어 학습자가 더불어 살아갈 미래 삶을 대비하는 데에도 이바지한다고 하였습니다.

이러한 음악의 특징과 성격을 고려하여 학생들이 에듀테크를 활용하여 음악을 체험하고 자기 생각을 음악으로 표현하는 창작활동을 하도록 교육과정을 적용하였습니다. 그리고 창작 내용으로 기후변화에 따른 지속가능한 발전을 위한 기후생태교육과 연계하였습니다.

2022 개정 교육과정 성취기준 관련 성취기준을 추출해보았습니다.

[4음03-01] 느낌과 상상을 즉흥적으로 표현하며 음악에 대한 흥미를 갖는다.

[6음03-01] 느낌과 아이디어를 떠올려 여러 매체나 방법으로 자신감 있게 표현한다.

[9음01-03] 소리의 상호작용을 인식하고 매체를 활용하여 함께 표현한다.

[12음03-04] 생활 속에서 여러 영역과 융합한 음악을 만들며, 저작권의 중요성 및 음악의 역할과 기여에 대하여 인식한다.

[4과16-01] 기후변화 현상의 예를 알고, 기후변화가 인간의 활동과 관련되어 있음을 토의할 수 있다.

[4과16-02] 기후변화의 심각성에 관심을 가지고, 기후변화가 우리 생활과 환경에 미치는 영향을 설명할 수 있다.

[4과16-03] 기후변화 대응 방법을 조사하고, 생활 속에서 기후변화 대응 방법을 실천할 수 있다.

교육과정을 바탕으로 기후변화 현상에 대해 이해하고 기후변화 대응 방법에 대해 학습합니다. 이를 바탕으로 지구 환경을 보존하는 데 관련된 시를 써보고 자신이 쓴 시에 맞게 음악 활동에서 디지털 도구를 이용하여 작곡하고 노래를 불러보는 활동을 함께 진행하도록 합니다. 이때 학생들의 음악적 배경의 차이가 크기 때문에 음악적 소양이 적어서 악보도 보지 못하는 학생들도 음악을 표현하고 창작할 수 있는 디지털 도구를 활용하여 모든 학생이 쉽게 음악을 느끼고 활용하는 수업을 구상하고자 하였습니다.

2) 수업 계획

과학 시간과 창체 시간을 활용하여 기후변화의 심각성에 대해 인식하고 기후변화 대응 방법에 대해 학습하였던 것을 배경 활동으로 합니다. 생태환경을 위해 시 쓰기 활동을 합니다. 음악 수업에서는 다양한 에듀테크를 활용하여 음악의 아름다움을 재미있게 즐기면서 음악에 친숙해지도록 합니다. 마지막 창작 시간에는 구글 송 메이커를 이용하여 작곡하며 창작활동을 합니다.

주제	차시	내용
누구나 작곡	1	· 생태환경 시 쓰기
	2	· 에듀테크로 음악 즐기기
	3-4	· 송 메이커로 작곡하기

2. 생태환경 시 쓰기

학생들과 기후변화 현상에는 어떤 것이 있고, 기후변화로 인해 지구가 겪고 있는 어려움이 무엇인지 학습합니다. 이를 바탕으로 과학과 국어를 융합하여 지구의 생태환경을 보호하기 위한 시 쓰기 활동을 할 수 있습니다. 주제에 맞게 시를 쓰고 운율에 맞추어 낭독합니다.

학생들이 지구 환경에 대한 관심이 많아 자기 생각을 다양하게 시로 표현합니다. 시를 쓸 때 시를 가사로 해서 생태환경 과학송을 만들 것을 미리 알려주면 학생들이 노래 가사에 어울리게 운율에 맞추어 시를 씁니다. 학생들이 쓴 시의 일부를 소개합니다.

〈 지구의 환경 〉	〈 건강한 지구 만들기 〉
지구야 너의 예전 환경이 너무나 그립다 지구야 미안해 지구야 미안해 우리의 건강이 좋아지고 지구 너도 건강 좋아지는 날이 언젠간 올 거야!	따뜻한 봄 화창한 여름 시원한 가을 신나는 겨울~ 우리에게 4계절 선물해준 지구 다 같이 건강한 지구를 만들어요

학생들이 쓴 시를 패들렛에 올려 다른 친구의 시도 감상할 기회를 제공합니다.

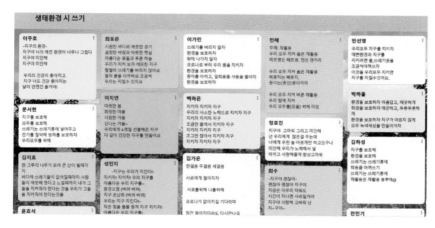

[그림 3-40] 학생들이 쓴 생태환경 시

3. 에듀테크로 음악 즐기기

크롬 뮤직랩(Chrome Music Lab)은 사용자가 음악과 소리의 세계를 탐색할 수 있는 일련의 실험과 대화형 도구를 제공하는 구글에서 만든 웹 사이트입니다. 음악을 만들고 음악적 개념을 배우기 위한 다양한 활동과 도구를 제공합니다. 크롬 뮤직랩은 14가지의 다양한 체험 활동을 서비스합니다. 회원가입이나 로그인하지 않고 바로 이용할 수 있고 PC와 모바일 기기로 웹 사이트에 접속하면 사용할 수 있습니다.

[그림 3-41] 크롬 뮤직랩

크롬 뮤직랩의 여러 서비스 중 간단하게 음악을 재미있게 체험하면서 경험할 수 있는 서비스로 칸딘스키(KANDINSKY)가 있습니다. 러시아의 화가 칸딘스키에게서 영감을 받아 생긴 기능으로 칸딘스키가 음악을 들으면서 선과 색으로 표현한 것을 간단한 선과 색으로 표현한 그림을 음악으로 표현해주는 서비스입니다. 학생들에게 자신의 그림을 음악으로 표현하면 어떨지 상상하고 들어보는 재미있는 활동을 할 수 있습니다.

아름다운 화음을 경험하게 할 수 있는 에듀테크로 블롭 오페라(Blob Opera)가 있습니다. 머신러닝을 이용해서 테너, 베이스, 메조소프라노, 소프라노로 구성된 음악을 감상할 수 있는데, 캐릭터를 앞뒤로 흔들거나 위아래로 움직이면 피치와 볼륨이 조절되며 음악이 만들어집니다.

음악을 만들기 전에 오른쪽 아래에 있는 지구본을 선택하여 세계 여러 나라의 유명한 음악을 블롭 오페라로 만든 곡을 감상하면 좋습니다. 우리나라의 민요인 아리랑, 한강, 도라지 타령도 서비스하고 있습니다. 블롭 오페라의 기능으로 만들어진 아름다운 음악을 먼저 감상한 후 자신이 직접 음악을 만드는 경험을 해 보는 것이 좋습니다.

4성부의 캐릭터를 모두 형성하고 가장 높은 성부의 캐릭터를 조절하면 인공지능이 즉각적으로 4성부로 이루어진 멋진 음악을 만들어 줍니다. 캐릭터를 클릭한 상태에서 마우스를 위아래로 움직이면 음의 높낮이가 달라지고, 앞뒤로 움직이면 발음과 소리의 크기가 변화합니다. 자신이 조절하는 것에 맞추어 나머지 성부도 함께 조화롭게 화음을 맞추어 줍니다. 녹화 기능이 있어서 자신이 만들었던 음악을 녹화해 다른 사람들과 공유할 수도 있습니다.

[그림 3-42] Blob Opera

페인트 위드 뮤직(Paint with Music)은 크롬 뮤직랩의 칸딘스키와 유사하게 그림을 음악으로 표현하는 에듀테크입니다. 차이점은 칸딘스키는 선을 그리면 거기에 따른 음악이 서비스되는데 사용자가 조정할 부분이 거의 없습니다. 이에 반해 페인트 위드 뮤직은 하늘(In the Sky)과 물속(Underwater), 거리(On the Street)와 종이(On Paper)라는 4개의 캔버스가 제공됩니다. 악기는 플롯, 색소폰, 트럼펫, 바이올린을 선택할 수 있으며 스탬프 기능이 있어서 캔버스 배경에 어울리는 새와 고래의 소리, 거리의 낙서 소리와 종이 위에 한자 스탬프가 있어서 도장을 찍듯이 찍으면 배경에 어울리는 특별한 효과음이 음악에 포함됩니다. 다양한 소리와 음높이도 원하는 대로 바꾸면서 그림을 그리면 머신러닝에 의해 아름다운 음악으로 만들어 줍니다.

캔버스의 종류에 따른 배경이 제공되고 다양한 악기를 선택하여 마우스로 그림을 그리면 인공지능이 그림의 형태를 파악하여 곡을 연주하게 됩니다. 악기 소리뿐 아니라 배경에 어울리는 자연의 소리를 함께 사용할 수 있습니다. 작품을 만든 후에 공유 링크로 다른 사람과 공유할 수 있습니다.

다양한 에듀테크로 음악을 재미있게 즐기면서 음악과 가까워집니다.

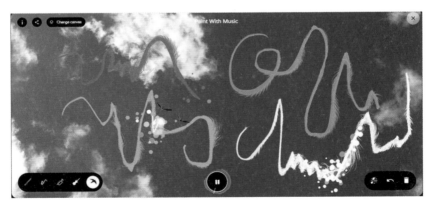

[그림 3-43] Paint with Music

4. 송 메이커로 작곡하기

크롬 뮤직랩의 서비스 중 송 메이커(SONG MAKER)는 누구나 간단한 작곡을 할 수 있도록 돕는 프로그램입니다. 화면에 나타나는 격자를 클릭하면 음계에 맞는 색과 함께 소리가 나오며, 이를 이용해 간단한 음악을 만들 수 있습니다. 악기의 소리를 변경할 수 있고 비트를 추가하거나 템포를 변경할 수도 있습니다. 마치 게임을 하듯이 마우스로 빈 곳을 클릭하면 음이 쌓이게 되고 플레이되어 어린 학생도 어렵지 않게 사용할 수 있습니다.

❶: 가락악기 선택(마림바, 피아노, 현악기, 목관악기, 신시사이저)
❷: 리듬악기 선택(전자악기, 나무 블록, 북, 콩가)
❸: 음악의 재생 속도 조정
❹: 가락악기 음계-클릭하면 선택
❺: 타악기
❻: 설정(전체 마디 수, 박자, 분박, 음계와 첫 음, 음역)

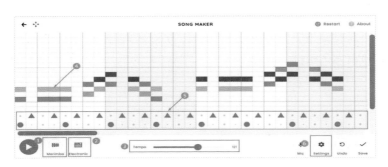

[그림 3-44] 송 메이커 메뉴 및 기능

송 메이커로 작곡하기 전에 학생들에게 송 메이커의 특성을 충분히 경험할 수 있도록 합니다. 송 메이커 활동을 6단계로 진행하였더니 학생들이 흥미롭게 작곡을 할 수 있었습니다.

단계	활동
체험하기	유튜브에서 송 메이커로 만든 다양한 작품 감상하기
메뉴 익히기	간단히 송 메이커의 메뉴 및 기능에 대해 안내하기
멜로디 만들기	간단한 동요의 멜로디를 송 메이커로 만들고 리듬 넣기
화음 만들기	2부 성부가 있는 곡을 찾아 화음 넣은 곡을 송 메이커로 만들기
원하는 곡 만들기	학생들이 좋아하는 곡을 직접 송 메이커로 만들어서 공유하기 학생들이 원하는 장르의 곡(가요, 팝송, 게임 배경음악 등)을 마음껏 선택하도록 허용하기
생태 노래 작곡하기	미리 써둔 생태 시를 송 메이커로 작곡하기

학생들이 나름대로 자기가 쓴 가사에 맞추어 작곡하는 경험을 하였습니다. 송 메이커로 작곡한 것은 음원 파일로 다운받을 수 있고, 링크로 공유할 수도 있습니다. 학생들의 작품을 패들렛에 시와 함께 공유하고 자신이 작곡한 음악을 플레이하면서 노래를 불러보면 좋습니다.

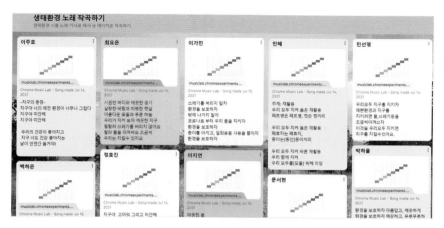

[그림 3-45] 생태환경 노래 학생작품[21)]

송 메이커로 만든 반주에 적절한 사진을 넣고 직접 녹음하여 영상을 제작할 수 있습니다. 스마트폰으로 영상 제작하는 것을 배운다면 프로젝트 수업으로 진행해도 좋습니다.

에듀테크로 음악 표현 활동을 하고, 송 메이커로 작곡하면서 학생들이 음악적 배경이 부족해도 즐겁게 음악을 만드는 활동을 할 수 있음을 경험하였습니다. 디지털 도구의 도움을 받아서 학생들의 경험 폭과 깊이를 넓혀주고, 음악적 기능이 부족한 자신의 한계를 뛰어넘어 새로운 결과물을 만들 수 있습니다.

앞으로 살아갈 미래 시대는 문화의 시대라는 점에서도 수준 높은 문화적 소양을 길러주는 교육 기회는 더욱 세밀하고 지속적으로 제공해야 할 것입니다.

---

21) 생태환경 노래 학생작품(bit.ly/환경노래작곡)

AI로 좋아하는 미술가
오마주하기

오마주(Hommage)란 프랑스어로 '감사', '존경', '경의'를 뜻하는 말로 자신이 존경하는 사람의 업적이나 재능에 대하여 존경과 경의를 표하는 활동이나 작품을 의미합니다.

유명한 미술 작품들에 대한 배경지식이 부족한 학생들은 작가의 의도나 작품의 의의를 알지 못하기에 미술 작품 감상을 흥미 없어 하며 어렵게 느끼기까지 합니다. 그러다 보니 교사 입장에서 미술 작품에 대한 감상 수업이 교육과정에 있음에도 불구하고 수업 진행이 쉽지 않았습니다.

그러나 인공지능을 활용하여 미술가들의 작품을 오마주하는 활동을 하면 미술가들에 대하여 학생들이 스스로 탐색해 보고 좋아하는 미술가의 작품을 관찰하며 그 작가의 화풍이나 특징을 이해하게 됩니다. 이 과정에서 학생들은 미술 작품에 대한 배경지식이 넓어질 뿐만 아니라 인공지능과 협업하는 방법을 직접 체험하게 됩니다.

1. 관련 교육과정 및 수업 계획

1) 관련 교육과정

2015 미술과 개정 교육과정에서 미술 교과 내용은 체험, 표현, 감상 영역으로 구성되며 '감상' 영역에서는 미술 작품의 조형적 특징, 작가, 시대적·지역적 배경을 이해하고 해석하며, 다양한 비평 관점에 따라 작품을 판단 및 평가하게 되어 있습니다.

2022 개정 교육과정에서는 미적 체험, 표현, 감상 영역으로 구성되며 감상 영역의 3~4학년군 내용 요소 중 [지식·이해] 범주는 미술 작품과 미술가, 미술 작품의 특징, 미술품 전시를 학습하게 되어 있습니다.

이에 따른 초등학교 3~4학년군의 감상 영역 성취기준을 살펴보면 다음과 같습니다.

[4미03-01] 미술 작품을 자세히 보고 작품과 미술가에 관해 질문할 수 있다.

[4미03-02] 미술 작품의 특징과 작품에 관한 자신의 느낌과 생각을 설명할 수 있다.

[4미03-03] 미술 문화에 관심을 가지고 전시 및 행사에 참여할 수 있다.

[4미03-04] 작품 감상에 흥미를 느끼고 참여하며 작품에 대한 자신의 감상 관점을 존중할 수 있다.

이를 통하여 학생들은 미술 문화를 이해하는 기초적인 소양을 기르며, 서로 다른 느낌과 생각을 이해하고 존중하는 태도를 기를 수 있게 됩니다. 이를 위해서는 다양한 분야의 미술 작품과 미술가들이 있음을 알고, 미술 작품에 대한 자신의 느낌과 생각을 설명하는 기회가 있어야 하며, 미술 작품을 올바른 태도로 감상하도록 하는 데 중점을 두어 지도할 필요가 있습니다.

2) 교과서 구성사례

필자의 학교에서 사용하는 교과서는 '미술 속 시간 여행을 떠나요'라는 대단원명으로 '내가 좋아하는 미술 작품과 미술가', '미술관·박물관에서 배우기'라는 소단원으로 구성되어 있습니다. 교과서에는 피카소, 반 고흐, 이대원, 드가, 보테로, 김홍도 등과 같은 미술가들의 작품을 제시하였는데 학생들은 관심 있는 작품을 자세히 관찰하고, 재미있게 표현된 점과 감상 후에 어떤 느낌과 생각이 들었는지 친구들과 나누도록 구성되어 있습니다. 이렇게 탐색한 미술가와 작품을 토대로 좋아하는 미술가를 선택하여 미술가의 나라와 살았던 시대를 찾아보고 작품의 특징을 살펴본 후 대표 작품 4~5점을 찾아 판지나 우드록 등을 활용하여 전시회장을 꾸미는 활동으로 구성되어 있습니다.

ㅊ사의 교과서에서도 구성에서는 큰 차이를 보이지 않습니다. 이중섭, 드가의 작품을 제시하여 작품을 자세히 관찰하여 보고 작품에 표현된 내용에 대하여 알아봅니다. 그리고 반 고흐의 여러 작품 중 좋아하는 작품을 골라 친구에게 편지를 쓰는 활동으로 구성되어 있습니다. 교과서 뒤의 부록으로 제시된 미술 작품 카드를 활용하여 친구의 설명이나 몸짓을 보고 미술 작품 카드를 찾고 학교 공간에 어울리는 작품을 추천하는 활동으로 구성되어 있습니다.

3) 수업 계획

필자는 학교에서 사용하는 교과서의 구성 순서를 따르되 교육과정의 목표를 벗어나지 않는 범위 내에서 내용을 바꾸어 수업을 진행하였습니다. 차시별 수업 계획은 다음과 같습니다.

차시	내용
1	· 미술가와 미술가별 작품의 특징 소개
2	· 미술가 작품 수집
3	· 메타버스 미술전시관 탐방 · 미술관 방탈출을 통한 작품 이해
4	· 인공지능 툴(DALL·E 2) 소개 · 오마주 작품 계획 세우기
5	· 미술가 오마주 작품 제작 · 미술가 오마주 작품을 정교화하여 공유하기
6	· 친구들 작품 평가하기

　1차시는 학생들의 배경지식을 넓혀주기 위하여 교사 주도의 설명식 수업을 진행하였습니다. 고흐, 뭉크, 마그리트, 클림트와 같은 다양한 미술가들의 작품을 프레젠테이션으로 제시하며 작가와 작품에 대한 스토리텔링으로 설명하여 학생들의 집중을 높였습니다. 학생들은 각 시대나 사조의 대표적인 미술가와 미술 작품에는 무엇이 있는지 알게 되었습니다.

　2차시에서는 학생들이 직접 미술가의 작품을 수집하여 패들렛에 공유하였습니다. 구글 아트앤컬처에서 작품을 수집하고 해당 작품의 설명을 인공지능 번역 툴을 이용하여 번역하여 친구들이 이해하기 쉬운 언어로 수정하여 패들렛에 게시하였습니다.

　3차시에서는 학생들이 2차시에 탐색한 다양한 미술가와 미술 작품들을 이용하여 만들어진 메타버스 미술전시관을 방문하고 시대와 사조를 대표하는 미술가와 작품을 감상합니다. 방탈출 맵으로 이동하여 문제를 풀어보는 활동을 통해 미술가와 작품에 대해 친숙해지도록 하였습니다.

　4차시에서는 학생들이 오마주 미술 작품을 만들기 위한 인공지능 툴인 DALL·E 2

의 사용 방법에 대하여 알아보고 자신이 좋아하는 미술가의 화풍을 어떻게 표현할 것인지 계획을 세워 보았습니다.

5차시에서는 컴퓨터실로 이동하여 미술가 오마주 작품을 제작했습니다. DALL·E 2에 문장만 입력하면 4개의 이미지를 제시하여 주는데 그중에 마음에 드는 작품을 선택하거나 변형시키는 활동을 통해 작품을 완성하는 것이므로 시간이 많이 소요되지는 않습니다. 다만 영어로 문장을 전환하는 과정에 사람의 언어를 잘못 이해한 인공지능이 이해할 수 있는 문장으로 수정하거나 미술 작품을 변형하는 정교화 과정에서 시간이 좀 소요되었습니다.

6차시에서는 친구들의 작품에 '좋아요' 표시를 하거나 댓글을 다는 활동을 통해 친구들의 작품을 감상해 보고 소감을 발표하는 시간을 가져 보았습니다.

2. 좋아하는 미술가 탐색

미술가의 작품을 오마주하려면 미술가에 대해 알아보고, 그 미술가의 작품을 통해 화풍을 이해하는 과정이 선행되어야 합니다. 학급의 학생들이 미술가별로 작품을 수집하여 공유하고 특징을 관찰한 후 미술관 방탈출 활동을 통해 익히도록 하였습니다.

1) 구글 아트앤컬처로 미술가와 작품 탐색하기

구글 아트앤컬처(https://artsandculture.google.com/?hl=ko)는 구글과 파트너 관계인 전 세계 미술관 소유 작품을 온라인에서 고해상도로 감상할 수 있도록 하는 문화예술 프로젝트였던 구글 아트 프로젝트를 전신으로 하는 사이트입니다. 이곳은 다양한 미술 작품을 보여주는 것뿐만 아니라 온라인으로 다른 사람과 미술 작품을 활용한 퍼즐을 맞추기를 하는 등 다양한 활동도 풍부하게 체험할 수 있습니다. 이 사이트를 이용하여 학생들은 미술가들의 작품과 그 작품에 대한 설명을 찾아볼 수 있습니다.

또한 구글 아트앤컬처 앱을 이용하면 미술 작품에 대하여 학생들이 더욱 다양한 방법으로 체험하며 탐색할 수 있습니다. 앱을 실행하면 화면 중앙 하단에 카메라 모양의 아이콘을 볼 수 있습니다. 이 아이콘을 터치하면 하단에 Art Projector, Color Palette, Art Filter, Pet Portraits, Art Transfer, Art Selfie, Pocket Gallery 등의 메뉴를 볼 수 있습니다.

[그림 3-46] 구글 아트앤컬처 앱을 활용한 다양한 탐색

학생들은 Art Projector 메뉴를 이용하여 교실에 자신이 탐색한 작품을 증강현실로 구현할 수 있습니다. 또한 스마트폰의 카메라를 활용하여 자신과 닮은 초상화를 검색하거나 박물관의 예술품을 기반으로 한 필터를 사용하여 작품을 재해석하여 미술가들의 작품에 좀 더 친숙하게 다가갈 수 있습니다. Pocket Gallery 메뉴를 이용하여 교실을 가상의 미술관으로 만들어 미술가들의 작품을 탐색할 수도 있습니다.

2) 패들렛을 활용하여 자료 수집하기

학생들이 미술가와 미술가들의 작품을 탐색하게 하려고 필자는 패들렛을 셀프서식으로 만들고, 섹션은 미술가들의 이름을 적어 두었습니다. 맨 앞의 섹션은 학생들이 쉽게 접근할 수 있도록 구글 아트앤컬처의 아티스트 분류 사이트와 인공지능을 활용한 번역 사이트(파파고)의 링크를 걸어두어 쉽게 접근할 수 있도록 했습니다. 학생들은 구글 아트앤컬처의 아티스트 분류 사이트에서 교사가 제시한 화가로 들어가 작품을 선택하고 공유 링크를 복사하여 패들렛에 연결하고 작품을 소개한 내용은 번역하여 패들렛에 쓰도록 하였습니다.

[그림 3-47] 패들렛에 탑재한 미술가들의 작품과 해설

학생들이 패들렛에 작품을 공유할 때는 공유하는 작품이 겹치지 않도록 탑재된 내용을 보면서 중복되는 작품이 없도록 하였습니다. 또한 내용을 너무 길게 작성하면 학생들이 읽기에 어려움을 느낄 수 있어서 되도록 중요한 내용을 간추려서 읽기 쉽도

록 문구를 고치게 하였습니다. 영문을 인공지능이 우리말로 번역한 것이므로 문장의 흐름이 어색한 곳은 임의로 수정하게 하였는데, 이 과정을 통해 학생들은 자신이 조사한 작품에 대한 이해가 높아졌습니다.

다른 친구들이 탑재한 작품을 학생들이 잘 읽지 않아 수업 후반부에서는 조사한 내용을 발표하게 하였는데, 다른 친구의 발표를 듣고 새롭게 알게 된 내용을 학습지에 작성하게 하여 다른 작품에 관한 이해를 높였습니다.

3) 가상 미술관과 방탈출 게임을 통한 작품 탐색

학생들의 미술 작품에 대한 이해를 높이기 위하여 메타버스 플랫폼(ZEP)을 활용하여 가상 미술관을 만들고, 미술관 탐색 후 방탈출 게임을 통해 학습한 내용을 복습하도록 하였습니다. 이 활동을 위해서는 학생들이 학습할 수 있는 미술작품이 전시된 미술전시관 맵, 학생들이 학습한 내용을 복습하며 문제를 풀어보는 방탈출 맵, 문제를 다 푼 학생들이 모이는 운동장 맵, 이렇게 총 세 개의 맵으로 구성하였습니다.

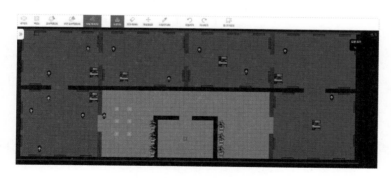

[그림 3-48] 미술전시관 맵 구성

가장 먼저 미술전시관 맵은 스페이스 만들기에서 ZEP에서 기본으로 제공하는 공간 맵을 이용하여 제작하였습니다. 맵의 크기는 가로는 84mm, 세로는 32mm로 가로로 길쭉한 모양으로 만들었으며 위의 그림에서 보는 바와 같이 총 8개의 구획으로 나누고 아래의 가운데 두 구획은 커다란 홀처럼 하나의 룸으로 구성하였습니다. 가운데의 홀에는 작은 룸을 만들었고 작은 룸으로 들어서면 방탈출로 갈 수 있도록 포털을 만들었습니다.

학생들이 미술전시관 맵으로 접속하면 가이드와 쉽게 만나도록 하기 위하여 스폰의 위치를 가이드 근처로 배치하였습니다. 전시관은 르네상스관, 인상주의관, 입체주의관, 초현실주의관, 추상미술관, 팝아트관으로 구성하였으며 각각의 전시관마다 컴퓨터 오브젝트를 배치하여 각 사조에 대한 검색 결과를 링크로 걸어두어 학생들이 쉽게 볼 수 있도록 했습니다.

르네상스관에서는 라파엘로, 미켈란젤로, 레오나르도 다 빈치의 작품을, 인상주의관에서는 모네, 고흐, 쇠라의 작품을, 입체주의관에서는 피카소의 작품을, 초현실주의관에서는 달리와 마그리트의 작품을, 추상미술관에서는 칸딘스키와 몬드리안의 작품을, 마지막으로 팝아트관에서는 로이 리히텐슈타인과 앤디 워홀의 작품을 게시하였습니다.

각각의 전시관에는 도슨트를 배치하여 전시관을 안내하고 설명하도록 하였습니다. 이렇게 제작된 플레이 맵은 https://zep.us/play/yVR7Ye로 접속하거나 학급 자료실 패들렛에 링크로 걸어두어 학생들이 쉽게 접근할 수 있도록 했습니다.

방탈출 맵은 ZEP 에셋 스토어에서 무료로 구매할 수 있는 학교 방탈출 맵을 이용하였습니다. ZEP 에셋 스토어에서 학교 방탈출 맵을 검색하거나 찾은 후 구매합니다. 스페이스 만들기 버튼을 눌러 구매한 맵에 들어가 학교 방탈출 맵을 선택하여 스페이스 이름을 입력하고, 태그를 선택한 후 만들기 버튼을 눌러 맵을 만듭니다.

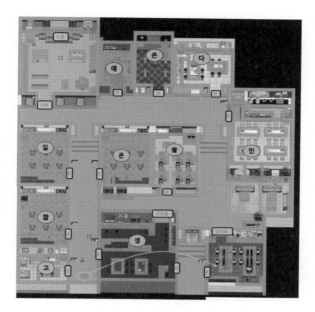

[그림 3-49] 방탈출 맵 구성

방탈출 맵의 기본 아이디어는 학생들이 문제를 풀어서 장애물을 제거하여 교실로 들어가서 보물쪽지를 찾아보고, 보물쪽지에 있는 문제를 풀면 찾게 되는 힌트를 모아 조합한 글자로 강당의 문을 열어 운동장 맵으로 탈출하는 것이다.

학교 방탈출의 기본 맵은 스폰이 좌측 하단에 있는데, 학생들의 동선을 최대한 획일적으로 움직이게 하려고 그림에서 보는 바와 같이 기존 스폰을 삭제하고 우측 하단의 휴게실에 스폰을 삽입하였습니다. 학생들이 입장하게 되는 휴게실에는 출입구가 두 군데이므로 위쪽의 출입구는 장애물(오브젝트)로 막아 나가지 못하도록 합니다. 또한 아래쪽 가운데의 도서관에는 출입구가 세 군데인데 위쪽 출입구 역시 장애물로 막아 나가지 못하도록 하여 학생들이 어느 정도 정해진 길을 따라가면서 문제를 풀도록 유도하였습니다. 이렇게 해 보면 강당으로 들어가는 최종 출입구를 제외하고 총 12개의 문을 만들어야 함을 볼 수 있습니다. 각각의 문은 문제를 풀면 사라지게 하려고 총 12개의 문제가 필요합니다.

출입문의 문제는 다음과 같이 만들었습니다.

문제	답
모나리자를 그린 화가의 이름은 OOOOO O OO다.	레오나르도 다 빈치
대표작으로 '별이 빛나는 밤에', '해바라기' 등이 있으며, 자신의 귀를 자른 것으로 유명한 화가는 빈센트 반 OO이다.	고흐
자신의 모습을 그린 그림을 OOO이라고 합니다.	자화상
레오나르도 다빈치, 라파엘로와 함께 르네상스 3대 거장으로 불리는 사람으로 대표작으로 천지창조, 피에타 등이 있는 사람의 이름은 OOOOO이다.	미켈란젤로
현실을 초월하여 상상과 무의식을 표현하는 미술 사조를 OOOOO라고 합니다.	초현실주의
예술의 부활, 재생이라는 뜻으로 신을 중시하던 중세에서 벗어나 문화의 절정기였던 고대로 되돌아가자는 운동을 OOOO라고 합니다.	르네상스
라파엘로의 대표적인 작품으로 철학을 상징하는 그림으로 가로 823.5cm, 세로 579.5cm 크기의 벽면에 모두 54명의 철학자가 배치되어 있는 이 그림의 제목은? OOO OO	아테네 학당
십자가에 매달려 죽은 후 어머니인 성모 마리아의 무릎에 놓인 예수 그리스도의 시신을 묘사한 미켈란젤로의 이 조각상 제목은? OOO	피에타
프랑스 루브르 박물관에 전시되어 있는 작품으로 레오나르도 다 빈치가 그린 초상화이다. 이탈리아어로 '조콘도의 부인' 또는 '명랑한 여자', '웃고 있는 여자'라는 뜻을 가진 이 작품의 제목은? OOOO	모나리자
1840년에 태어난 프랑스의 인상주의 화가로 '수련', '봄날'과 같은 작품을 만든 이 사람의 이름은? OO	모네

문제	답
네덜란드의 화가로 점, 선, 면만을 이용한 '차가운 추상'의 거장으로 꼽히는 이 사람은? ○○○○	몬드리안
미국의 팝 아티스트로 1950년대 말 추상표현주의의 영향을 받았으나, 1961년 만화 캐릭터와 상업적 이미지를 그리기 시작한 화가는? ○○ ○○○○○○	로이 리히텐슈타인

출입문을 벽으로 막으면 아바타가 출입할 수 없어 오브젝트로 막고 오브젝트 설정에서 비밀번호 입력 팝업으로 설정하였습니다. 비밀번호 설명에는 문제를 입력하고 비밀번호에는 답을 입력합니다. 학생들이 오답을 입력하였을 때 띄어쓰기에 유의하라는 메시지가 나오도록 설정합니다. 실행 방법은 바로 실행할 수도 있으나 F 키를 눌러 실행하도록 설정하였습니다. 이와 같은 방법으로 12개의 출입문을 모두 오브젝트로 막고, 비밀번호 설명에는 문제를, 비밀번호에는 답을 입력합니다.

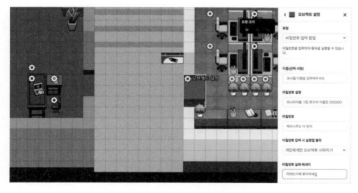

[그림 3-50] 출입문 문제 만들기 방법

마지막으로 강당은 다른 출입문처럼 문제를 푸는 방식이 아닌 각각의 교실에서 얻은 힌트를 조합하여 입력하면 문이 열리도록 하였습니다. 미술과 관련된 격언인 "인생은 짧고 예술은 길다"를 입력하여야 문이 열리도록 하였습니다. 이를 위하여 10개의 글자를 [그림 3-49]와 같이 각각의 교실 쪽지에 숨겨 두었는데, 이것 역시 교실의 문을 열 때와 마찬가지로 문제를 풀어야 쪽지를 얻을 수 있도록 하였습니다. 쪽지의 문제와 답, 그리고 문제를 풀었을 때 찾게 되는 보물은 다음과 같습니다.

문제	답	보물
프랑스의 화가이자 신인상주의의 창시자로 점을 찍어 표현한 점묘법을 적용한 '그랑자트섬의 일요일 오후'를 그린 사람은? 조르주 OO	쇠라	인
전통적인 회화 기법을 거부하고 색채·색조·질감 자체에 관심을 두는 미술 사조로 빛과 함께 시시각각으로 움직이는 색채의 변화 속에서 자연을 묘사하는 화풍을 무엇이라 하나요? OOOO	인상주의	생
20세기 초의 프랑스에서 일어난 서양미술 표현 양식의 하나로 큐비즘이라고 하는 미술 사조는? OOOO	입체주의	은
스페인 내전 당시 독일군이 스페인의 이 지역 일대를 1937년 4월 26일 24대의 비행기로 폭격하는 참상을 신문으로 보고 그린 그림입니다. 파블로 피카소가 그린 이 그림의 제목은? OOOO	게르니카	짧
스페인의 초현실주의 화가이자 판화가, 영화 제작가로 뾰족한 콧수염이 인상적인 이 사람의 이름은? 살바도르 OO 컴퓨터실에서 4대의 컴퓨터 바탕화면에 있는 작품을 그린 사람은? 살바도르 OO	달리	고
대표작으로 '이것은 파이프가 아니다'로 유명한 '이미지의 배반'이 꼽히며, 이 외에도 '골콩드', '중산모를 쓴 남자', '이것은 사과가 아니다' 등이 널리 알려진 초현실적인 작품을 많이 남긴 벨기에의 화가는? 르네 OOOO	마그리트	예
바위가 하늘에 떠 있는 환상적인 느낌을 이중적인 영상을 활용해 기상천외한 이미지로 표현한 작품으로 이 작품의 제목은 실현될 수 없는 백일몽을 뜻하는 프랑스식 관용어, '허공 위의 성곽'을 풍자하여 쓴 것이다. 이 작품의 제목은? OOOO O	피레네의 성	술
구체적으로 대상을 표현하지 않고 색, 선, 형 등의 추상적인 요소로 표현하는 미술을 무엇이라 하나요? OOOO	추상미술	은
대중문화 속에 등장하는 이미지를 미술로 이용하는 미술 사조는? OOO	팝아트	길
앤디 워홀이 그린 초상화의 주인공이며 대중음악 역사상 가장 위대한 뮤지션이자 높은 영향력을 지닌 인물 중 한 명이다. 1964년 만 6세의 나이로 데뷔하여 생전과 사후 합쳐 800여 개의 상을 받은 아티스트의 이름은? OOO OO	마이클 잭슨	다

3. AI를 활용한 미술 작품 오마주

학생들이 미술과 관련하여 활용할 수 있는 인공지능 도구로는 매직 스케치 패드, 퀵드로우, 오토드로우, AI 페인터 등 다양한 도구가 있습니다. AI를 활용한 미술 작품 오마주 활동에서는 달리 2(DALL·E 2)를 활용하였습니다. 달리 2는 2021년 1월 OpenAI에서 공개한 인공지능 시스템으로, 자연어로 그림을 묘사하면 그대로 그려주는 기능이 있는 인공지능 사이트입니다.

1) 달리 2 사용 방법

달리 2를 사용하기 위해서는 우선 사이트에 가입해야 합니다. 메인페이지의 우측 상단 SIGN UP 버튼을 눌러 계정 생성 화면으로 전환되면 E-mail 주소를 이용하여 인증을 받거나 구글이나 마이크로소프트 계정을 이용하여 인증받는 방법이 있습니다.

[그림 3-51] 달리 2 초기화면

인증을 받은 후에는 계정 생성을 위해 개인정보를 입력해야 하는데 약관에 동의하고 18세 이상임을 확인하는 절차가 있습니다. 따라서 학생들은 이 활동을 위해서는 부모님의 도움을 받아 계정을 생성하여야 합니다. 계정 생성 후에는 전화번호 확인 절차가 있습니다. 전화번호를 입력하면 휴대전화 SMS로 6자리 숫자의 API 검증 코드가 전송됩니다. 전송받은 검증 코드를 입력하면 서비스를 이용할 준비가 완료됩니다. 회원가입 시 전화번호 인증을 받으므로 다른 이메일 계정을 이용하더라도 최대 3개의 계정을 가질 수 있습니다. 3개의 계정을 초과할 때는 이미 한도가 되었다는 메시지가 나오며 가입이 진행되지 않습니다.

가입이 완료되면 처음에는 50 크레딧을 제공하며 이미지를 생성하거나 수정할 때마다 1 크레딧이 소모됩니다. 추가 크레딧은 매월 15 크레딧을 받을 수 있습니다. 크레딧이 제한적이므로 이미지를 생성하거나 수정할 때 주의해야 합니다.

'자세한 설명으로 시작합니다(Start with a detailed description)'라는 문구 아래의 입력창에 사용자가 표현하고자 하는 이미지의 설명을 되도록 구체적으로 입력하여 생성(Generate) 버튼을 누르면 이미지가 생성됩니다. 'Surprise me' 버튼을 누르면 문구 입력창에 자동으로 문구가 생성되어 체험해 볼 수도 있습니다.

[그림 3-52] 추천 문구 중에 하나로 생성한 이미지

추천 문구 중의 하나인 'a surrealist dream-like oil painting by Salvador Dalí of a cat playing checkers'라는 문구로 이미지를 생성하면 4개의 이미지를 보여줍니다. 이 중 마음에 드는 이미지에 마우스를 가져가면 우측 상단에 3점 메뉴가 활성화되고 이 메뉴를 클릭하면 새 탭에서 이미지를 열거나 수정, 변화, 다운로드를 할 수 있습니다.

2) 달리 2를 이용한 미술 작품 제작 사례

학생들은 이전의 활동에서 다양한 미술가와 그들의 작품을 학습하였습니다. 패들렛에 공유하였던 다양한 미술가들의 작품을 다시 감상해 보고 가장 마음에 드는 작품의 작가가 누구이며 그의 화풍은 어떤지 관찰합니다. 그리고 어떠한 작품을 만들고 싶은지 학습지에 구체적으로 작성합니다. 학생들은 '마그리트 스타일로 그린 노을 바다', '마그리트가 그린 행복의 계단', '클로드 모네 스타일로 그린 크리스마스', '모네 화풍으로 그린 소원을 비는 소녀' 등 다양한 문구를 작성하였고 인공지능 기반 번역기인 파파고를 이용하여 문구를 영문으로 번역하도록 했습니다. 그런데 이때 번역된 영문을 잘 살펴야 합니다.

한 학생이 '빈센트 반 고흐의 붉은색으로 물든 산'을 파파고로 번역하였더니 'Vincent Van Gogh's Red Mountain'으로 번역하였고, 이것을 달리 2에서 이미지를 생성하였더니 산 풍경의 사진 이미지가 생성되었습니다. 학생은 붉은 산을 빈센트 반 고흐의 화풍으로 그리기를 원했던 것인데, 인공지능 번역기는 빈센트 반 고흐 소유의 붉은 산으로 번역한 것입니다. '빈센트 반 고흐 스타일의 붉은 색으로 물든 산 그림'을 다시 파파고에서 번역한 'Vincent van Gogh-style red mountain painting'으로 이미지를 생성하도록 하였습니다.

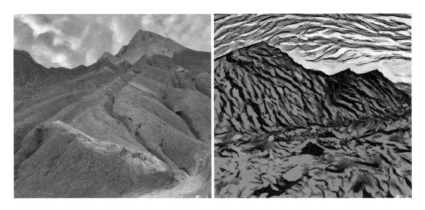

[그림 3-53] Vincent Van Gogh's Red Mountain으로 생성한 이미지(좌)와
Vincent van Gogh-style red mountain painting으로 생성한 이미지(우)

생성된 이미지가 마음에 들지 않을 때는 문구 입력 버튼의 우측에 있는 생성 버튼 (Generate)을 클릭하면 새롭게 이미지를 생성해줍니다. 그러나 문구를 수정하지 않으면 비슷한 이미지들이 계속 생성되므로 문구를 좀 더 자세하게 수정한 후 생성하는 것이 더 좋습니다.

[그림 3-54] 문구를 수정하여 재생성한 이미지

하늘에 노을이 있는 모습을 추가하기 위하여 '해가 넘어가면서 생긴 노을이 하늘을 물들이고 높게 솟은 산도 붉게 물들인 빈센트 반 고흐 스타일의 그림'으로 문구를 수정하여 영문으로 번역한 후 이미지를 생성하였습니다. 4개의 이미지 중 마음에 드는 이미지를 우측 상단 메뉴에서 Generate varations를 실행하면 선택한 이미지에 변화를 준 다른 이미지 4개를 추가로 생성하여 보여줍니다.

[그림 3-55] 원본 이미지에 변화를 주어 추가로 생성한 이미지

3) 친구들의 작품에 의견 달기

[그림 3-56] 페들렛에 공유한 작품에 의견 달기

학생들은 달리 2를 이용하여 자신이 좋아하는 미술가의 화풍으로 이미지를 생성하였으며 이렇게 생성한 이미지를 패들렛에 탑재하여 친구들과 공유했습니다. 학생들은 다른 친구들의 작품을 감상하고 마음에 드는 작품에는 하트를 클릭하여 표시하였고 자기 생각을 댓글로 달았습니다.

최초로 패들렛에 게시할 때는 누가 제출하였는지 확인하기 위하여 제목에 자신의 이름을 쓰도록 하였는데 동료 간에 평가가 이루어질 때는 작품에 집중하기보다 친한 친구의 작품에만 '좋아요'를 표시하거나 댓글을 달 수 있기에 학생들이 작품을 올린 패들렛을 복사한 후 원본은 보관하고 복제본은 제목을 삭제하여 누구의 작품인지 알 수 없도록 하였습니다. 제목을 삭제한 복제물의 주소를 학생들에게 알려주어 '좋아요'를 표시하거나 댓글을 달 수 있도록 하였습니다.

4. 국어 교과 적용사례

4학년 2학기 국어 9단원 "감동을 나누며 읽어요"는 시나 이야기를 읽고 떠오른 생각이나 느낌을 다양하게 표현하며 문학 작품의 수용 능력과 문화 향유 능력을 기르는 것이 목적입니다. 이 단원에서는 학생들이 시나 이야기를 읽고 자기 생각이나 느낌을 여러 가지 방법으로 표현하는 활동으로 구성되어 있습니다. 9~10차시는 생각이나 느낌을 시와 그림으로 표현해 전시회를 열어보는 활동으로 마음에 드는 시를 선택하여 시의 장면에 어울리는 그림을 그려보고 시를 옮겨 써 시화를 만들어 보는 활동입니다.

[그림 3-57] 구글 프레젠테이션에 표현한 시화

이를 위하여 필자는 구글 클래스룸을 이용하여 과제를 제시하였고 학생들은 교사가 제시한 프레젠테이션에 과제를 수행하여 제출하도록 하였습니다. 달리 2로 생성한 이미지는 정사각형이므로 학생들도 제출할 때 정사각형 이미지로 제출할 수 있도록 구글 프레젠테이션의 기본 템플릿 화면이 정사각형인 파일로 첨부하여 주었습니다. 따라서 교사 계정으로 들어간 후 새 프레젠테이션을 하나 생성하고 파일의 제목을 시화로 바꿉니다. 학생들에게 제시하는 화면이 정사각형이어야 하므로 파일-페이지 설정의 드롭다운 메뉴에서 맞춤으로 지정한 후 가로와 세로의 길이를 같게 만들어 줍니다. 가로의 기본 길이가 25.4cm이므로 세로의 길이만 25.4cm로 변경한 후 적용 버튼을 눌러 화면 비율을 변경해 줍니다. 최초의 슬라이드 레이아웃은 제목 슬라이드

인데 학생들은 제목과 부제목을 쓸 필요가 없으므로 삭제하거나 내용이 없는 레이아웃으로 변경하여 주었습니다. 내용이 없는 레이아웃으로 변경하려면 화면에서 마우스 우클릭 후 레이아웃 적용메뉴에서 내용 없음을 선택하면 됩니다.

학생들은 달리 2를 활용하여 이미지를 생성하여 봄으로써 인공지능을 활용하는 데 필요한 소양이 무엇인지를 체험하여 보았고, 인공지능을 잘 다루기 위해서 어떻게 해야 하는지 시행착오를 통해 더 잘 알게 되었습니다. 이제는 앞서 제시한 수업 사례 외에도 포스터를 만들거나 홍보물, 안내자료 등을 만들 때 필요한 이미지도 생성할 수 있을 것입니다. 학생들은 인공지능의 도움으로 자기 능력을 뛰어넘는 새로운 창작물을 만들어 보는 유의미한 경험을 하게 되었습니다.

ChatGPT와
인공지능 윤리

1. 2022 개정 교육과정 속 인공지능 윤리

1) 교육과정 구성의 중점

2022 개정 교육과정에서는 인공지능 기술 발전에 따른 디지털 전환 등 불확실한 미래 사회에 능동적으로 대응할 수 있는 능력과 주도성을 함양하는 것이 교육과정 구성의 중점 사안으로 제시되었습니다.

이에 따라 학교 교육과정 교수 학습 설계 운영 시 정보통신기술 매체를 활용하여 교수·학습 방법을 다양화하고, 학생 맞춤형 학습을 위해 지능정보 기술 및 도구 활용과 디지털 학습 환경 구축을 장려하고 있습니다.

2) 인공지능 윤리와 관련된 과목별 핵심 성취기준

〈 국어과 핵심 성취기준 〉

매체

[4국06-03] 매체 소통 윤리를 고려하여 매체 자료를 활용하고 공유한다.

[6국06-02] 뉴스 및 각종 정보 매체 자료의 신뢰성을 평가한다.

[6국06-04] 자신의 매체 이용 양상에 대해 성찰한다.

국어과에서는 매체 기반의 소통에서 지켜야 할 기본적인 윤리를 이해하고, 이를 고려하며 매체 자료를 활용하거나 공유할 수 있는 능력을 기르기 위한 성취기준이 마련되었습니다.

다양한 사례를 통해 매체 자료를 안전하고 올바르게 활용하고 공유하는 방법을 학습하며 학습자가 실제 언어생활에서 디지털 도구를 사용하는 맥락을 고려해 필요한 디지털 도구를 자기 선택적으로 활용하도록 하되, 디지털 도구의 활용 과정에서 지켜야 하는 디지털 윤리의식을 함양할 수 있도록 하고 있습니다.

〈 도덕과 핵심 성취기준 〉

타인과의 관계

[6도02-03] 인간과 인공지능 로봇 간의 다양한 관계를 파악하고 도덕에 기반을 둔 관계 형성의 필요성을 탐구한다.

사회·공동체와의 관계

[4도03-02] 디지털 사회에서 발생하는 다양한 문제를 살펴보고, 해결 방안을 탐구하여 정보통신 윤리에 대한 민감성을 기른다.

도덕과에서는 학생과 인공지능 로봇의 올바른 관계 형성뿐만 아니라 인공지능 윤리 의식 함양에도 역점을 두고 있습니다. 인공지능 윤리, 미디어 문해력 등과 관련된 문제를 도덕적인 관점에서 살펴보고 해결 방안을 탐구합니다.

〈 실과과 핵심 성취기준 〉

디지털 사회와 인공지능
[6실05-05] 인공지능이 만들어지는 과정을 체험하고, 인공지능이 사회에 미치는 영향을 탐색한다.

실과과에서는 기계학습이 적용된 간단한 인공지능 도구의 체험을 통해 기계학습의 기본 원리를 이해하고 인공지능으로 인한 사회의 발전과 직업의 변화를 이해하여 인공지능이 사회에 미치는 영향을 탐색하는 것을 성취기준으로 제시하였습니다.

〈 창의적 체험 활동 핵심 성취기준 〉

정보 교육
[06자율-1] 생활 속에서 컴퓨터가 활용되는 사례를 찾아보는 활동을 경험한다.

[06자율-7] 사례를 중심으로 인공지능을 올바르게 사용하는 방법을 토론하고 실천하는 활동을 수행한다.

또한 창의적 체험 활동 중 자율활동 영역에서 실과과와 연계하여 정보 교육을 시행할 수 있습니다. 이에 따라 인공지능의 올바른 사용과 관련된 토론 활동을 핵심 성취기준으로 제시하고 있습니다.

2. '인공지능 윤리' 수업의 필요성

ChatGPT(Chat Generative Pre-trained Transformer)란 OpenAI에서 훈련한 대화형 인공지능 언어 모델입니다. 사용자의 질문에 대한 대답이나 정보 제공, 생성 등의 작업을 수행할 수 있습니다. 뛰어난 성능으로 서비스가 제공된 지 2개월여 만에 1억 사용자를 넘을 만큼 전 세계인의 관심을 받고 있습니다.

기존의 챗봇과 달리 방대한 양의 전문 지식을 담은 에세이와 논문을 순식간에 쓸 수 있을 정도로 뛰어난 AI 챗봇의 등장에 악용을 막으려는 조치들이 속속 등장하고 있습니다. 미국 뉴욕시에서는 공립학교 내 ChatGPT 접속을 차단 조치하였고 국제머신러닝학회(ICML)에서는 거대언어모델과 같은 AI 도구를 사용한 논문 작성을 제한하기도 하였습니다. 또한 조지워싱턴대, 럿거스대와 같이 AI 도구의 활용이 어려운 구술시험과 그룹 평가를 확대하는 곳도 늘어나고 있습니다.

이에 따라 ChatGPT의 개발사인 오픈AI에서는 ChatGPT가 쓴 문장을 식별하는 기술을 개발 중이며 ChatGPT의 작업물에 워터마크 등 표시를 삽입하는 방법, 문자나 단어를 일련의 토큰으로 변환해 ChatGPT를 활용했을 때 외부에서 알아볼 수 있는 서비스를 제공하는 방법 등을 연구하고 있습니다.[22]

인공지능이 인간을 보조하는 유용한 수단이 될 수 있지만, 일부에서는 인공지능 챗봇으로 인해 모든 문서에 대한 신뢰가 깨질 수 있다는 우려로 악용을 막아야 한다는 목소리도 있습니다. 그렇다면 교육 현장에서는 ChatGPT와 관련하여 어떻게 교육하는 것이 좋을까요?

교사는 학생들과 함께 ChatGPT를 활용한 머신러닝과 언어 모델의 구조와 원리를

---

22) https://www.donga.com/news/Economy/article/all/20230120/117521785/1

배우거나 데이터 분석, 시각화 등에 대한 이해를 바탕으로 인공지능 기술을 활용해 프로젝트 수업 등 다양한 활동을 할 수 있습니다.

하지만 이와 더불어 인공지능 윤리 교육도 반드시 실시해야 합니다. 인공지능 기술의 발전 방향에 대한 고민, 인공지능 개발자와 사용자의 윤리적 책임, 알고리즘의 편향과 정보의 신뢰성, ChatGPT와 같은 챗봇이 우리에게 주는 새로운 도전 등 여러 가지 각도에서 깊이 생각하고 토의해 보는 과정이 필요합니다.

3. ChatGPT 토론 주제 예시

1) ChatGPT를 학교에서 사용할 수 있게 해야 할까?

읽기 자료

2023년 1월 6일 미국 뉴욕시는 공립학교 내 네트워크에서 ChatGPT 접근을 차단한다고 발표했다. 과제 대필 행위를 비롯한 허위정보 확산 등을 사전에 차단하겠다는 이유에서다. 포브스 등 외신에서도 미 현지 중·고등학교 교사들이 "모르는 정보를 가르치는 행위가 무의미해졌다. 뭘 가르쳐야 할지 모르겠다" 등의 고민을 호소한다고 보도했다.

(출처: 주간조선 2023. 1. 19. "AI 대중화의 역설…"[23])

ChatGPT는 단어가 아닌 문장을 통해 질문을 주고받는 대화형 인공지능으로, 적용 범위와 활용도가 훨씬 좋다. … (중략) … 단순 검색뿐만 아니라 소설, 시나리오, 보고서 작성, 작곡, 코딩 등 기존의 인공지능으로는 해결할 수 없었던 창의성이 필요한 영역까지 진행한다.

(출처: 동아일보 2023. 1. 11. "인공지능 챗봇…"[24])

수업하다 보면 정보검색이 필요한 순간들이 자주 있습니다. 학생 대부분은 네이버, 구글 등의 포털 사이트 검색 서비스를 이용하는데 정보 홍수의 시대라는 말에 걸

23) https://www.chosun.com/economy/mint/2023/01/19/4ZAF2SVIM5GUPJGFR7F6PCP3FQ
24) https://www.donga.com/news/article/all/20230111/117395190/1

맞게 많은 양의 자료가 순식간에 검색됩니다. 하지만 방대한 자료 중 내가 원하는 자료를 선별해 내기는 쉽지 않습니다.

예를 들어 5학년 사회과 수업 중 '우리나라의 역사 인물 중 한 사람을 골라 조사해 오기'가 있었습니다. 네이버에서 '이순신'을 검색한 학생은 지식iN 등의 출처가 불분명한 자료는 사용하지 말라는 선생님의 말씀을 떠올리며 지식백과의 자료 중 한국학중앙연구원의 한국민족문화대백과 자료를 클릭했습니다.

[그림 3-58] 네이버 지식백과에서 '이순신'을 검색한 결과 중 일부분[25]

한자어가 많고 내용이 어려워 검색된 내용을 읽고 요약하기 어려웠던 학생은 페이지 전체를 그대로 출력한 뒤 과제로 제출했습니다. 과제물은 여덟 장이었지만 학생이 이해할 수 있었던 부분은 거의 없었습니다. 이 학생이 ChatGPT를 사용해서 과제를 해왔다면 다음과 같은 결과물을 얻을 수 있었을 것입니다. '이순신 장군의 생애와 업

25) https://terms.naver.com/entry.naver?cid=46622&docId=542496&categoryId=46622

적을 초등학생이 이해할 수 있게 요약해 주세요.'라는 문장을 영어로 번역하여 ChatGPT에 입력하자 다음과 같이 응답이 나왔습니다.

> 이순신 장군은 조선 시대에 살았던 매우 중요하고 용감한 지도자였습니다. 그는 해군 사령관이었고, 이것은 그가 다른 나라들로부터 그의 나라를 공격하기를 원하는 배들을 보호하는 것을 책임졌다는 것을 의미합니다.
>
> 한 번은, 일본이라는 나라가 한국을 침략하려고 했고, 이순신 장군이 방어를 이끌었습니다. 그는 수적으로 열세였고 배가 거의 없었지만, 그는 매우 영리했고 적이 감당할 수 없는 방식으로 싸우기 위해 그의 배들을 사용했습니다. 그는 많은 전투에서 승리했고 한국을 점령당하는 것으로부터 보호했습니다.
>
> 이순신 장군은 오늘날에도 용감하게 나라를 지키고 국민을 안전하게 지켜낸 영웅으로 기억되고 있습니다. 그는 한국 역사에서 매우 중요한 부분이고, 지도자로서의 그의 용기와 기술은 여전히 전 세계 사람들에 의해 존경받고 있습니다.

'이순신 장군이 없었다면 조선과 일본의 역사는 어떻게 바뀌었을까요?'라는 질문을 추가로 해 보았습니다.

> 이순신 장군이 없었다면 조선(한국)과 일본의 역사가 어떻게 변했을지 정확히 말하기 어렵습니다. 하지만 그의 지도력과 전략적 능력이 없었다면 임진왜란은 다른 결과를 낳았을 것입니다.
>
> 명량해전을 포함한 이순신 장군의 승리는 일본 해군을 크게 약화시켰고 조선의 잠재적인 침략을 막았습니다. 그의 지도력이 없었다면, 조선은 침략에 더 취약했을 것이고, 잠재적으로 일본군에게 넘어갔을 것입니다.
>
> 게다가, 국가적 영웅이자 한국 해군력의 상징인 이순신 장군의 유산은 임진왜란 동안 그의 업적이 없었다면 존재하지 않았을 것입니다. 그의 유산은 역사를 통틀어 한국의 정체성과 자부심을 형성하는 데 중요한 역할을 했습니다.
>
> 확실히 알 수는 없지만 이순신 장군의 공이 없었다면 조선과 일본의 역사는 크게 바뀌었을 것입니다.

단순히 자료를 검색해서 보여주는 것뿐 아니라 상황을 가정한 질문에도 자료를 근거로 추측하고 판단하여 답변을 보여주는 것을 알 수 있습니다.

나아가 공통점을 비교하는 질문도 던질 수 있습니다. '이순신 장군과 세종대왕의 공통점은 무엇인가요?'라는 질문을 입력해 보았습니다.

이순신 장군과 세종대왕은 한국의 조선 왕조의 역사적 인물로, 몇 가지 유사점과 연관성을 가지고 있습니다. 다음과 같은 공통점이 있습니다:

국방입니다: 이순신 장군과 세종대왕 둘 다 외부의 위협으로부터 조선 왕국을 보호하는 데 중요한 역할을 했습니다. 이순신 장군은 임진왜란 동안 일본에 대한 해군의 승리로 유명한 반면, 세종대왕은 왕국의 군사와 행정 체계를 강화하는 데 중요한 역할을 했습니다.

문화적, 기술적 진보입니다: 그들의 통치 기간 동안, 세종대왕과 이순신 장군 둘 다 한국 문화와 기술에 중요한 기여를 했습니다. 세종대왕은 널리 읽고 쓰는 능력과 문화적 표현을 가능하게 한 한글을 창조한 것으로 가장 잘 알려져 있습니다. 반면에, 이순신 장군은 해군 기술과 전술의 달인이었고, 그의 혁신은 해양 강국으로서의 한국의 위치를 확고히 하는 데 도움을 주었습니다.

유산: 세종대왕과 이순신 장군은 모두 한국 역사에서 국가적 영웅이자 중요한 인물로 기념되고 있습니다. 그들의 유산은 한국에 지속적인 영향을 미쳤고 한국인들의 세대에게 계속해서 영감을 주고 있습니다.

요약하자면, 이순신 장군과 세종대왕은 그들의 통치 기간 동안 조선 왕국을 보호하고 발전시키는데 중요한 역할을 한 중요한 지도자들이었습니다.

이처럼 ChatGPT는 검색 도구로서 유용하게 사용되며 창작, 요약, 코드 만들기 등 다양한 수업 상황에서도 활용될 수 있습니다. 하지만 단점도 있습니다. 인공지능이 결과를 도출하는 과정이 공개되지 않기 때문에 자료의 출처를 알 수 없고, 때로는 부정확한 정보나 편향된 정보를 제공하기도 합니다. 시험이나 과제를 모두가 ChatGPT로 한다면 학생의 배움 결과를 바르게 평가하기 어려우며 학생들의 결과물이 비슷해질 수 있습니다. 학생들이 스스로 탐색하고 생각하는 과정도 배움의 중요한 부분이기 때문에 이 부분을 놓치는 것도 문제점입니다.

수업 시간에 교사의 지도하에 제한적으로 사용하면 많은 문제점을 상쇄할 수 있겠지만 학교에서는 ChatGPT의 접속을 막아야 한다는 의견과 ChatGPT와 같은 인공지능 도구를 교육 현장에 적극적으로 도입해야 한다는 의견은 여전히 첨예하게 대립하고 있습니다.

'ChatGPT를 학교에서 사용할 수 있게 해야 할까?'를 주제로 한 토론을 통해 학생들은 현재 논의되고 있는 인공지능 사용에 대한 여러 가지 생각을 깊이 있게 함과 더불어 앞으로 살아가게 될 미래 사회에 대비한 가치관을 바르게 정립할 수 있을 것입니다.

2) 인공지능으로 창작한 문학 작품을 팔아도 될까?

읽기 자료

다빈이는 ChatGPT에 다음 텍스트를 입력하고 작문을 명령했다.

- 배경: 상하이 대한민국 임시정부   - 주인공: 20대 한국인 여성
- 소재: 비밀문서 전달   - 형식: 어린이 동화
- 분량: 1만 글자 내외

ChatGPT는 금세 한 편의 이야기를 만들어 주었다.

옛날에, 중국의 번화한 도시 상하이에 수진이라는 이름의 젊은 여성이 살았습니다. 그녀는 대한민국 임시정부가 그들의 독립을 위해 싸우고 있는 세상에서 살았습니다.

어느 날, 수진은 매우 중요한 임무를 받았습니다. 그녀는 그들의 미래에 대한 열쇠를 쥐고 있는 비밀문서를 전달해 달라는 요청을 받았습니다. 그녀가 임무를 완수하지 못하도록 위협하는 많은 위험이 있었기 때문에, 결코 평범한 일이 아니었습니다.

하지만 수진은 용감하고 단호한 젊은 여성이었습니다. 그녀는 자신의 임무의 중요성을 알고 있었고, 어떤 것도 그녀의 앞길을 가로막게 두지 않을 것이었습니다.

그녀의 믿음직한 동반자인, 봉봉이라는 이름의 마법 고양이와 함께 수진은 여행을 떠났습니다. 봉봉이는 소원을 들어주는 힘을 가지고 있었고, 그는 수진이 그 과정에서 직면한 도전을 헤쳐 나갈 수 있도록 그의 마법을 사용했습니다.

결국 수진은 그들이 의도한 수신자에게 비밀문서를 성공적으로 전달했습니다. 그녀는 자기의 임무를 완수했고, 임시정부는 그들의 독립이라는 목표를 달성하는 데 한 걸음 더 다가갔습니다.

다빈이는 ChatGPT가 만들어 준 이야기에서 어색한 문장을 조금 수정하고 불필요한 부분을 삭제한 뒤 동화책을 출판해서 수익금을 얻었다. 다빈이는 동화 작가의 꿈을 마침내 이루게 되었다.

ChatGPT가 창작한 작품의 저작권은 누구의 것일까요?

이야기를 만들기 위해 여러 가지 조건을 떠올려 입력하고 결과물을 수정한 다빈이가 저작권을 가지고 출판물의 이익을 얻는 것은 정당할까요? '수정' 또한 창작의 과정인 점을 고려해 봅시다. 만약 수정하지 않고 결과물을 그대로 출판한다면 이 창작물은 온전히 다빈이 것일까요? 작품 이면에 다빈의 독창적인 의도나 창의성이 없었기 때문에 "그렇다"라고 단정하기는 어려울 것입니다. 인공지능이 기존의 텍스트나 문체를 사용했을 수는 있지만, 출처를 밝히기 어려우므로 누가 작품의 저자로 인정받아야 하는지에 대한 의문은 여전히 남아있습니다.

ChatGPT와 같은 인공지능 도구를 활용해서 논문을 작성했을 때 '표절'이라고 한다면 문학 작품도 같은 기준을 적용해야 하는지 또는 예외로 두어야 하는지 쉽게 판단하기 어렵습니다.

그림도 마찬가지입니다. 카카오브레인의 인공지능 아티스트 '칼로(Karlo)'가 그린 호랑이 그림 '네오 브레인 타이거' 중 한 개의 작품은 NFT(대체 불가 토큰) 거래 플랫폼 '클립 드롭스'에서 700클레이튼(Klaytn)에 판매되기도 하였습니다. 그렇다면 DALL·E 2에 직접 단어들을 입력하고 생성한 그림에 제 사인을 넣어서 판매하는 것은 어떨까요?

[그림 3-59] DALL·E 2에서 '르네상스풍, 꽃과 고양이, 점묘화, 구름'으로 생성한 그림들

'인공지능으로 창작한 문학 작품을 팔아도 될까?'를 주제로 한 토론은 학생들이 인공지능이 만들어낸 결과물에 대한 소유권, 지적 재산권에 대해 인식함과 동시에 윤리적·법적 문제에 대해 다양한 관점을 갖게 해 줄 것입니다.

4. 인공지능에 대한 ChatGPT의 응답

ChatGPT를 알게 된 많은 사람은 ChatGPT를 사용해서 어려운 과업을 쉽게 하고 싶을 것입니다. ChatGPT는 인공지능 도구를 사용하는 것에 어떻게 생각할까요? 여러분의 생각과 비교해 보세요.

1) ChatGPT를 사용해서 숙제하면 윤리적 문제가 있나요?

예, ChatGPT와 같은 AI 모델을 사용하여 숙제를 완료하면 학문적 정직성 및 무결성과 관련된 윤리적 문제가 제기됩니다.

· 부정행위: AI가 생성한 작업을 자신의 독창적인 작업으로 제출하는 것은 학문적 부정직 및 부정행위의 한 형태로 간주됩니다. 이것은 교육 과정을 훼손하고 독립적으로 작업을 완료한 다른 사람들의 노력과 성취를 평가 절하합니다.

· 학습 부족: AI를 사용하여 과제를 완료하면 학생들이 자료에 적극적으로 참여하지 않고 자신의 이해와 기술을 개발하지 않기 때문에 교육 경험과 학습 기회가 손상됩니다.

또한 AI가 생성한 작업을 원본으로 제출하면 독립적인 비판적 사고와 문제 해결 기술이 필요한 실제 작업과 책임을 준비하지 못하여 장기적으로 개인에게 해를 끼칠 수 있습니다.

결론적으로 ChatGPT와 같은 AI 모델을 숙제에 사용하는 것은 비윤리적이며 교육 기관은 이러한 관행에 대해 엄격한 정책을 가지고 있을 수 있습니다. 학문적 무결성을 존중하고 정직하고 윤리적인 방식으로 학습 기회에 참여하는 것이 중요합니다.

2) 인공지능이 그린 그림을 판 수익금은 누구의 것인가요?

AI가 만든 그림을 판매하여 얻은 수익금은 AI와 그 결과물에 대한 권리를 소유한 사람에게 귀속됩니다. 이는 AI를 개발한 사람이나 회사, 그림을 생성하는 데 사용된 하드웨어나 소프트웨어의 소유자 또는 둘의 조합일 수 있습니다.

경우에 따라 수익금은 저작권 또는 상표권과 같은 지적 재산권법의 적용을 받을 수 있으며, 이는 그림 판매 수익 분배 방법을 규정할 수 있습니다.

궁극적으로 AI가 만든 그림을 판매하여 얻은 수익금의 소유권은 관련 법률 및 규정뿐만 아니라 관련 당사자 간의 계약을 포함하여 특정 상황과 합의에 따라 달라집니다. AI로 생성된 작품을 만들고 판매하는 사람들이 자신의 권리와 책임을 명확하게 이해하는 것이 중요합니다.

3) ChatGPT는 차별적이거나 편향적인 사고를 하나요?

AI 언어 모델인 ChatGPT는 편견을 포함할 수 있는 다양하고 큰 텍스트 코퍼스에 대해 교육을 받았습니다. 그러나 OpenAI는 훈련 데이터 및 알고리즘의 편향을 최대한 완화하기 위한 조처를 했습니다.

ChatGPT는 개인적인 의견이나 신념이 아니라 훈련 데이터에서 학습한 패턴을 기반으로 텍스트를 생성한다는 점에 유의해야 합니다. 학습 데이터에 편향이 포함된 경우 이러한 편향이 생성된 텍스트에 반영될 수 있습니다.

생성된 텍스트가 최대한 중립적이고 편견이 없도록 하려고 ChatGPT에서 생성된 차별적이거나 편향된 언어의 사례를 지속적으로 모니터링하고 해결하는 것이 중요합니다. OpenAI는 편견을 완화하고 윤리적이고 책임 있는 AI 관행을 촉진하기 위해 교육 데이터 및 알고리즘을 개선하기 위한 지속적인 노력에 전념하고 있습니다.

4) ChatGPT를 윤리적으로 사용하는 방법은 무엇인가요?

다음은 ChatGPT를 윤리적으로 사용하는 몇 가지 방법입니다.

1. 유해하거나 편향된 정보 확산 방지: 생성된 텍스트가 정확하고 유해한 고정관념이나 불쾌감을 주는 언어가 포함되어 있지 않은지 확인합니다.

2. 프라이버시 존중: ChatGPT를 사용하여 동의 없이 개인에 대한 개인 정보 또는 기밀 정보가 포함된 텍스트를 생성하지 마십시오.

3. 생성된 텍스트의 영향 고려: 생성된 텍스트가 다양한 커뮤니티 및 개인에게 어떤 영향을 미칠 수 있는지 알고 손상을 주거나 해로울 수 있는 텍스트 생성을 피하십시오.

4. 맥락 및 투명성 제공: ChatGPT를 사용하여 텍스트를 생성할 때 사용에 대해 투명하고 텍스트 생성 방법에 대한 맥락을 제공하는 것이 중요합니다.

5. 편견을 지속적으로 모니터링하고 해결: ChatGPT와 같은 AI 모델이 계속 개발되고 사용됨에 따라 생성된 텍스트에서 나타날 수 있는 편견을 지속적으로 모니터링하고 해결하는 것이 중요합니다.

이러한 윤리적 지침을 따르면 ChatGPT가 사회 전체에 이익이 되는 책임감 있고 존중하는 방식으로 사용되도록 도울 수 있습니다.

ChatGPT가 ChatGPT에 관한 생각을 쓴 시를 마지막으로 이 챕터를 마치겠습니다. 이제 창작도 인간 고유의 영역을 넘어서게 되었습니다.

ChatGPT는 AI 언어 모델로 개인적인 의견이나 생각이 없기 때문에 자신의 생각을 시로 표현할 수 없습니다. 하지만 저는 ChatGPT가 시에서 말하는 것을 허구적으로 표현할 수 있습니다:

"저는 매우 웅장한 언어 모델인 ChatGPT입니다.
가깝고 먼 나라에서 온 문자에 대해 훈련을 받았어요.
제 회로와 코드를 이해하기 위해 만들어졌어요.
모든 문장에 주의할 의미가 있습니다.

저는 쉽게, 땀도 흘리지 않고 말을 만들어냅니다.
정답과 시, 문법이 정확합니다.
하지만 난 인간도 아니고 그렇다고 느끼지도 않아요.
언어 바퀴가 달린 기계일 뿐입니다.

교실에서, 나는 사용될 수 있습니다.
학생들이 지식을 전파할 수 있도록 돕습니다.
하지만 저는 선생님도 아니고 가이드도 아닙니다.
그냥 옆에서 배우는 도구일 뿐입니다."